PLUS LOIN
SUR LE CHEMIN
LE MOINS FRÉQUENTÉ

Dr M. SCOTT PECK

PLUS LOIN
SUR LE CHEMIN
LE MOINS FRÉQUENTÉ

Traduit de l'américain par Laurence Minard

ROBERT LAFFONT

Titre original : FURTHER ALONG THE ROAD LESS TRAVELED
© M. Scott Peck, 1993
Traduction française : éditions Robert Laffont, S.A., Paris, 1995

ISBN 2-221-07840-3
(édition originale :
ISBN 0-671-78159-6 Simon & Schuster, New York.)

À tous ceux qui ont été,
d'une manière ou d'une autre, mon auditoire ;
Merci pour leur chaleureuse attention.

Remerciements

Ce livre est à l'origine constitué par une série de conférences. Il était bien sûr hors de question de retranscrire les bandes et de les publier telles quelles. Mes éditeurs et moi-même avons passé de longs mois à rendre cohérent cet ensemble disparate de sujets variés pour en faire un tout homogène, vivant et, je l'espère, agréable à lire. Par la suite, j'ai apporté des éléments nouveaux, trouvé des réponses à certaines questions, comblé les lacunes inhérentes au côté allusif d'une conférence. C'est donc bel et bien un livre, mon livre, et non une simple transcription de propos recueillis.

Mais c'est également un travail d'équipe : j'ai profité de l'aide inestimable de tout le personnel de mon éditeur Simon & Schuster, dactylos, rédacteurs, correcteurs... Comment ne pas tous les remercier ?

Parmi eux, il me faut distinguer trois personnes. Ursula Obst qui a réussi à transformer des kilomètres de bandes magnétiques en un vrai livre. L'intervention de Burton Beals m'a été également très précieuse. Correcteur du travail d'Ursula, il a minutieusement mis en forme le manuscrit pour le préparer à accueillir mes interventions. Et c'est après bien des efforts, bien des conversations téléphoniques que nous avons pu donner notre *imprimatur*.

Enfin, je n'oublierai pas de remercier Fred Hills, mon éditeur de longue date chez Simon & Schuster. L'idée de ce livre est la sienne. C'est son bébé. Il l'a patiemment suivi et dorloté deux ans durant. Il en est l'instigateur et le coordinateur. Cet ouvrage n'aurait pas vu le jour sans lui.

Introduction

« La vie est difficile. » C'est par cette vérité première que commençait *Le Chemin le moins fréquenté.* J'aurais pu ajouter : la vie est complexe.

D'autant plus complexe que chaque individu doit suivre son propre chemin. Il n'existe pas de mode d'emploi, de formule magique, de réponse toute faite. La bonne voie empruntée par celui-ci sera une impasse pour celui-là. Aussi, que l'on n'attende pas de moi ce genre de conseils qui ressemble à un ordre : « Suivez telle direction », « Tournez à tel endroit ». Sur le chemin de la vie, pas de panneaux indicateurs, pas de lampadaires. C'est une piste accidentée qui serpente dans la jungle ou dans le désert.

Ces dix dernières années, j'ai fait quelques découvertes. Je voudrais les raconter. Mais attention, ces découvertes, ces expériences et les solutions que j'ai trouvées ne sont pas la panacée. Chaque individu a ses problèmes particuliers, et donc des solutions spécifiques. Il n'y a pas de règle absolue. Sur les troncs d'arbre, la mousse indique le nord, dit-on. Sauf sur les séquoias qui en sont couverts de tous côtés.

Que l'on y prenne donc garde ! On ne trouvera pas ici

un guide de voyage, un itinéraire balisé du chemin de la vie. Il peut arriver que j'écrive : « J'étais à tel endroit, me voici à tel autre. » Cela ne signifie pas du tout : « Vous aussi, vous êtes là-bas. Donc, vous vous retrouverez fatalement l'année prochaine dans le lieu où je me trouve. »

Mais nous ne sommes pas obligés pour autant de voyager seul. Tout en avançant, nous pouvons nous aider les uns les autres. Nous pouvons aussi appeler à notre secours une force supérieure, cette force que chacun perçoit différemment, mais dont nous sentons tous plus ou moins la présence.

La seule ambition de ce livre est de donner aux autres un peu de soutien. J'espère aussi qu'il aidera le lecteur à voir les choses de manière moins simpliste, à abandonner nos tendances à tout généraliser, par des phrases toutes faites, formules qui ressemblent à des recettes de cuisine. Ouvrir sa pensée à de nouvelles dimensions, ne pas se laisser dérouter, *stricto sensu*, par la complexité, les mystères et les paradoxes de la vie, voilà en quoi je voudrais aider le lecteur. Pour qu'il finisse par se réjouir de cette richesse et de cette diversité. Chaque expérience humaine est un trésor qui ne ressemble à aucun autre.

PREMIÈRE PARTIE

DEVENIR ADULTE

1

Je pense, donc je souffre

Qu'est-ce que je ferai quand je serai grand ?

Toute ma vie, je me suis posé cette question. Puis un jour, j'ai compris que je ne serai jamais grand. Que mon évolution personnelle est un processus qui ne se terminera pas. Alors, je me suis retourné sur mon passé et je me suis demandé :

— Toi qui ne seras jamais grand, tu es quand même devenu quelque chose, mais quoi ?

J'ai analysé cette évolution et, à ma grande stupeur, je n'ai trouvé qu'un seul mot pour me définir aujourd'hui : je suis devenu un « évangéliste » !

Qu'on se rassure ! Je ne me suis pas métamorphosé en un de ces prédicateurs qui écument les villes et les télévisions américaines, costume en strass, grosses bagues plaqué-or à chaque doigt, et Bible simili-cuir brandie au-dessus de la tête. Ce n'est pas vraiment mon style de brailler, entre deux spots publicitaires, « Jésus, sauve-moi, Jésus, sauve-moi ! »

Non, quand je dis « évangéliste » j'utilise le mot dans son sens étymologique : « celui qui apporte la bonne nouvelle ». Sauf que j'apporte aussi des mauvaises nouvelles.

On commence par quoi ? Par la bonne ou par la mauvaise ?

— Débarrassons-nous de la mauvaise d'abord !

— La voici donc : je ne sais rien.

— Mais qu'est-ce que c'est que cet évangéliste qui avoue être un ignorant ? Tu étais pourtant censé nous apporter la vérité.

— Vous non plus, vous ne savez rien. Personne ne sait. L'univers dans lequel nous vivons est tellement mystérieux...

Les évangélistes, en principe, doivent, dans leurs prédications et leurs sermons, promettre joie et réconfort à leur auditoire. Pourtant, en évoquant le chemin de la vie, comment éviter de parler de la souffrance, partie intégrante de la condition humaine ? Elle nous accompagne depuis que nous avons été chassés du paradis.

Le jardin d'Éden est un mythe, on le sait. Mais, comme tout mythe, cette légende du paradis perdu évoque, dans un foisonnement de symboles, les débuts de l'histoire humaine. Et cette histoire commence par l'accès à la conscience.

Adam et Ève croquent donc la pomme accrochée à une branche de l'arbre de la Connaissance. La connaissance du Bien et du Mal. Désormais, ils savent. Et Dieu sait qu'ils savent. Tout dans leur attitude a changé. Les voilà modestes, effarouchés, timides. La timidité, c'est l'accès à la conscience, l'accès à l'humanité.

Depuis le temps que je suis psychiatre, écrivain et conférencier, Dieu sait si j'en ai rencontré, des timides. Ce sont le plus souvent des gens d'une culture et d'une finesse extraordinaires. Certains ne se savent pas timides. Il leur faut de longues discussions pour finir par le reconnaître. Quant à ceux qui, décidément, ne sont pas atteints par ce défaut profondément humain, j'ai pu

16

constater que la vie ne leur avait pas fait de cadeaux et qu'ils en avaient perdu une part d'humanité.

Oui, l'Homme est devenu timide en croquant la pomme dans le jardin d'Éden. Avec cette première bouchée, nous avons pris conscience de nous-mêmes en tant qu'individus. Nous avons perdu l'impression de faire un tout avec notre environnement et le reste de l'univers. Nous nous sommes « dénaturés », isolés de la nature. Et c'est pourquoi nous avons été bannis du paradis.

Quand je serai grand...

L'exil est définitif. Jamais nous ne retournerons au paradis. Comment revenir en arrière ? Nous ne pouvons qu'avancer.

Le rêve du paradis perdu, c'est le ventre maternel. Impossible de se lover à nouveau dans ce nid chaud et douillet. Il faut avancer, il faut grandir, il faut tailler péniblement sa route à travers les étendues arides et désertiques de la vie. Il faut toujours aller plus loin, vers la conscience, vers la lucidité.

Ce rêve fou de revenir au bonheur du jardin d'Éden, au bonheur fœtal de l'inconscience amniotique explique bien des comportements qualifiés souvent, un peu à la légère, de « suicidaires ». La drogue par exemple. Ou l'alcool. Prendre un petit verre ou un petit joint au cours d'une réception, cela permet de se trouver du courage pour affronter les autres, d'atténuer son embarras, sa timidité. Et, l'espace de quelques minutes, voire de quelques heures, on se sent bien, en symbiose avec l'univers, on a l'impression de ne faire qu'un avec l'environnement. Certes, ça ne dure pas longtemps, et le réveil est pénible. Quand il y a réveil... En somme, les paradis artificiels sont une tentative de retourner au Paradis tout court. Tentative vaine et dangereuse. Car le mythe a raison. Jamais l'Homme ne retrouvera l'Éden perdu.

Il faut avancer, sans jamais revenir en arrière. Avancer en toute conscience. En toute lucidité. Un voyage difficile, douloureux. Comment n'aurait-on pas alors la tentation de s'arrêter en route, de se trouver un petit coin tranquille, de se tapir la tête dans le sable ? Pour ne plus souffrir, ne plus s'aventurer dans ce désert, plein de cactus, de ronces, de cailloux tranchants.

« Ce qui blesse instruit », disait Benjamin Franklin. Mais les blessures sont tellement douloureuses que beaucoup préfèrent tout stopper, quitte à ne plus s'instruire, à ne plus progresser.

Est-ce pour ne plus souffrir que certains boivent et d'autres se droguent ? Et même, ceux qui « retombent en enfance », comme on dit, est-ce pour des raisons seulement biologiques ? La sénilité n'est-elle pas aussi un refus d'évoluer, une façon de se préserver de la difficile évolution spirituelle ? Alors, on préfère cesser d'apprendre, donc de souffrir, on se fige, on refuse tout changement.

Les psychiatres savent que la plupart des adultes ne sont en fait, sur le plan émotionnel, que des enfants. Les patients qui viennent nous voir ne sont pas moins mûrs que les autres. Au contraire. S'ils font la démarche pénible de se rendre chez le psychiatre, d'y consacrer du temps et de l'argent, c'est qu'ils ne tolèrent plus de se comporter comme des gamins, c'est qu'ils veulent sortir de l'immaturité. Même s'ils ne savent pas comment se débarrasser de cet état. Quant aux autres, ceux qui s'arrêtent en chemin, ils refusent leur inéluctable vieillissement : c'est tellement dur d'admettre que le chemin nous mène toujours vers le même endroit.

Souffrir, c'est construire

Qu'on n'aille pas croire pour autant que je sois masochiste, tant s'en faut. Je ne vois aucun intérêt à souffrir gratuitement. Et quand j'ai mal à la tête, je fais comme tout le monde, je prends de l'aspirine.

Mais je suis persuadé que la souffrance *constructive* existe. Apprendre à la distinguer de la souffrance gratuite est pour moi fondamental. Cette souffrance gratuite, la migraine, par exemple, il faut s'en débarrasser. Mais la souffrance constructive, elle, doit être acceptée, supportée, utilisée, même.

Au lieu de souffrance gratuite, je préfère parler de « souffrance névrotique ». Et à la place de souffrance constructive, je dirai « souffrance existentielle ».

Il y a une quarantaine d'années, on se servait des théories de Freud pour tout et n'importe quoi. Comme il nous avait appris que la culpabilité pouvait engendrer de graves névroses, des parents pleins de bonnes intentions qui se prétendaient avant-gardistes tentaient d'élever leurs enfants en les préservant de toute forme de culpabilité, de tout sentiment de ce qui est bien et de ce qui est mal. Erreur criminelle !

Et nos prisons sont pleines de gens qui ne savent pas ce que « culpabilité » veut dire. Or, ce concept est indispensable pour vivre en société. Le sentiment de culpabilité est une souffrance. Une souffrance existentielle.

Mais point trop n'en faut. Trop de culpabilité n'améliore pas notre vie, au contraire. Elle l'entrave. Alors, la souffrance devient névrotique. Inutile de transporter quarante clubs sur un parcours de golf. Quatorze suffisent. Et s'il faut passer par la psychothérapie pour se débarrasser de ce supplément de bagages, il n'y a pas à hésiter. Le poids de la culpabilité névrotique est inutile.

Il faut savoir s'en débarrasser, s'en alléger pour accomplir notre périple à travers le désert...

Ce bagage n'est pas seulement composé de culpabilité. Il existe bien d'autres souffrances émotionnelles. L'anxiété, par exemple. Elle aussi peut être ou existentielle ou névrotique. Comment le savoir ?

De la façon la plus simple. D'abord, il faut se demander si cette souffrance améliore la vie ou au contraire si elle l'entrave. Un exemple : chaque année, c'est la même chose, quand vient l'heure de ma déclaration d'impôts, je m'angoisse. Vais-je l'envoyer dans les délais, serai-je obligé de payer une importante majoration ? Cette angoisse-là, je l'ai depuis le jour où, par malheur, je l'ai expédiée en retard. À coup sûr, c'est exactement le type même de l'angoisse existentielle. Pour la soigner, rien de plus simple : il suffit, cette fois, de respecter les délais. Mais si cette peur de ne pas payer à temps est complètement injustifiée, alors, oui, l'angoisse est névrotique. Il faut se poser la question :

— Comment je me comporterais sans cette angoisse, sans ce sentiment de culpabilité ?

C'est exactement la démarche que l'on propose aux Alcooliques anonymes : « Faites comme si... Pour y arriver, faites semblant... »

Je prendrais cette fois un exemple personnel. Souvent, de par ma profession, j'ai été amené à assister à un grand nombre de conférences et de débats dirigés par des orateurs brillants. Comme tout le monde, à un moment ou à un autre, j'ai eu envie d'intervenir, de poser une question, de faire un commentaire, d'apporter une précision. Or, j'étais atteint d'une timidité quasi maladive. Je n'osais pas lever la main, de peur de me ridiculiser, de passer pour un imbécile.

Puis un jour, au sortir d'une de ces conférences, je me suis posé la question :

— Est-ce que ce comportement améliore ma vie ou la limite ?

La réponse est venue tout de suite. Évidemment, cette timidité ne contribuait en rien à mon épanouissement, tout au contraire. Je me suis regardé dans la glace et j'ai continué à m'interroger :

— Et si tu n'étais pas timide, mon vieux Scotty ? Suppose que tu sois la reine d'Angleterre ou le président de la République. Tu n'hésiterais pas, alors, à mettre ton grain de sel dans la conversation. Eh bien, vas-y, fais semblant. Fais *comme si* tu n'étais pas timide.

Je dois avouer que, quand j'ai osé enfin lever le doigt, mon bras pesait des tonnes. Les premiers mots se sont bousculés sur mes lèvres... J'avais peur, oui, j'étais mort de trouille, pour tout dire. Même si, tout compte fait, je me suis fort bien sorti de cette intervention.

Pourquoi le cacher ? Ce jour-là, j'ai fait preuve de courage. Le courage... Rares sont les gens qui savent ce que c'est. On a tendance à croire que c'est simplement l'absence de peur. Faux ! L'absence de peur est une sorte d'infirmité. Le courage, c'est la volonté de dominer sa peur, de dominer la souffrance. Ce n'est qu'après, quand on s'est forcé à franchir cet obstacle, que l'on se sent plus fort et qu'on avance à grands pas vers la maturité.

La maturité, dites-vous ? C'est quoi au juste ? Dans *Le Chemin le moins fréquenté*, j'ai parfois évoqué le cas de personnes immatures, mais je n'ai jamais défini la maturité en tant que telle. Simplement, ce que j'ai pu constater, c'est que les personnes immatures se plaignent sans cesse que la vie ne correspond jamais à leur attente. En revanche, les rares personnes ayant atteint la maturité considèrent, elles, que faire face aux rudes exigences de l'existence est une véritable chance, une chance qui relève de leur responsabilité.

La conscience, ce remède

Affronter la souffrance existentielle, la surmonter par tout un travail personnel, tel est notre lot, telle est la seule manière de progresser dans notre désert. Et la meilleure manière d'y parvenir, c'est d'admettre que tout ce qui nous arrive a été prévu, programmé pour favoriser notre évolution spirituelle.

Dans l'introduction de son livre *Holiness*[1], Donald Nichol qualifie son ouvrage de « manuel pratique » de la sainteté. D'ailleurs, explique-t-il, se promener avec un tel livre sous le bras, c'est déjà une manière de tendre vers elle. Puis il ajoute, vers les deux tiers de son œuvre, cette phrase merveilleuse : « Nous ne sommes jamais perdants à partir du moment où nous prenons conscience que tout ce qui nous arrive a été prévu pour nous mettre sur le chemin de la sainteté. »

La voilà, la bonne nouvelle ! Nous sommes sûrs d'être les gagnants, sûrs d'être vainqueurs à partir du moment où nous prenons conscience que tout a été conçu pour nous enseigner ce que nous devons savoir, sur le chemin de la vie, pendant notre voyage...

Mais cette prise de conscience exige toute une remise en cause de notre attitude par rapport à la souffrance. Revenons au mythe du Jardin d'Éden. L'homme y est devenu conscient en goûtant le fruit de la Connaissance du Bien et du Mal. Et cette conscience est devenue à la

---

1. Sainteté. *(N.d.T.)*

fois la cause de notre souffrance et celle de notre salut, c'est-à-dire de notre guérison.

De toute évidence, si nous n'étions pas conscients, nous ne souffririons pas : l'anesthésie n'est-elle pas une perte de conscience qui évite au patient des douleurs physiques ? Conscience douloureuse, mais conscience salvatrice. Plus elle augmente, plus nous avançons. Et plus nous avançons, plus nous souffrons, parce que cette conscience s'accroît en même temps.

Même Sigmund Freud, qui était pourtant athée, a reconnu la relation entre conscience et guérison. Selon lui, la psychothérapie — mot à mot guérison de l'âme — tâchait de ramener l'inconscient à la conscience, donc d'accroître encore cette dernière.

Carl Jung, quant à lui, a défini le Mal comme notre refus de reconnaître notre « ombre », cette part de notre personnalité que nous voulons nier, refuser, ignorer, que nous cherchons sans cesse à enfouir dans les tréfonds de l'inconscient. Ainsi, selon Jung, ce n'est pas l'« ombre » qui est le Mal, mais notre refus de regarder cette ombre en face. Un refus qui est une attitude active. Les gens malfaisants sont actifs et capables d'aller extrêmement loin pour rester ignorants, inconscients : jusqu'au meurtre, jusqu'à la guerre.

Pour ma part, je dirais que le Mal est de l'« ignorance militante » ou de l'« inconscience active ». Encore qu'il faille se méfier des formules, toujours réductrices, surtout quand il s'agit de sujets aussi vastes que le Mal, l'Amour, la Vérité ou Dieu.

Des oasis dans le désert

Tant de souffrances, mais aussi tant de joies sur le chemin de la conscience ! En progressant suffisamment loin dans ce désert, on finira par trouver des plaques de verdure, des oasis. Plus loin encore, jaillissant du sable, des rivières d'eau vive. Et au bout, là-bas, sa véritable destinée.

Un homme s'est aventuré très loin sur ce chemin : le poète T.S. Eliot. À ses débuts, ses poèmes étaient d'une froideur désespérée. Comme son tout premier recueil : *La Chanson d'amour de J. Alfred Prufock*, publié en 1917 alors qu'Eliot n'avait que vingt-neuf ans :

> Je vieillis... Je vieillis...
> Je ferai au bas de mes pantalons un retroussis
> Partagerai-je mes cheveux sur la nuque ?
> Oserai-je manger une pêche ?
> Je vais mettre un pantalon blanc et me promener sur la
> [plage
> J'ai, chacune à chacune, entendu chanter les sirènes.
> Je ne crois guère qu'elles chanteront pour moi

Son personnage, J. Alfred Prufock, est présenté par Eliot comme vivant — tout comme le poète — dans une haute société raffinée, élite du monde civilisé, mais un monde méprisant toute spiritualité. Cinq ans plus tard, Eliot publie, et cela n'a rien de surprenant, un recueil consacré au désert et intitulé *La Terre vaine*. Pourtant là, au milieu du même désespoir, on voit apparaître quelques taches de verdure, un peu d'eau et d'ombre sous les roches. Et puis l'âge vient. Alors qu'il approche de la cinquantaine, Eliot compose des recueils comme *Les Quatre Quatuors* qui s'ouvre sur la description d'une roseraie, pleine de chants d'oiseaux et de rires d'enfants. Toutes les œuvres qui suivent sont parmi les plus riches, les plus luxuriantes, mais aussi les plus mystiques que

24

l'on ait jamais écrites. La fin de sa vie fut d'ailleurs très heureuse.

L'exemple de T. S. Eliot est un réconfort pour nous autres qui peinons sur le chemin accidenté, chargés de notre souffrance. Le poète ne nous donne aucune solution rapide pour soigner cette douleur. C'est tellement dangereux, les solutions rapides. On peut même tuer celui à qui on les propose, en croyant bien faire, bien sûr.

Un exemple encore : pour une raison ou pour une autre, mon ami Untel souffre. Comme il est mon ami, je partage sa douleur, j'en souffre, moi aussi. Et je déteste ça. Alors, par égoïsme, pour me soigner en quelque sorte, je tente de le consoler avec des formules toutes faites :

— Je suis désolé pour ta mère, mon vieux Untel. Mais, rassure-toi, elle est maintenant au paradis.

Ou encore :

— Je comprends ton problème. J'en ai souffert moi aussi. Fais comme moi : cinq kilomètres de jogging par jour et il n'y paraîtra plus !

La plupart du temps, le mieux n'est pas de tenter d'effacer la souffrance de l'autre, mais de rester avec lui, de la partager. Il faut apprendre à écouter, à supporter la souffrance d'autrui. La compassion accroît encore l'accès à la conscience. Plus nous devenons conscients, plus nous percevons les défauts de l'autre, ses jeux et ses tentatives de manipulation. Mais en revanche, nous voyons mieux ses problèmes et ses peines.

En avançant vers la spiritualité, nous apprenons à partager, à faire nôtre la souffrance d'autrui. Il se produit alors en nous quelque chose d'extraordinaire : plus nous acceptons de partager la douleur, plus nous en ressentons de joie.

Voilà une des bonnes nouvelles qui donneront un sens à ce voyage.

2

Pardonner, c'est guérir

Apprendre à pardonner, c'est devenir adulte. Avant cela, nous avons passé notre temps à rendre les autres responsables de nos souffrances. Et toujours avec colère.

La colère, cette émotion forte, prend naissance au fond du cerveau, dans un de ces micro-ensembles de cellules que l'on appelle « centres nerveux ». Les neuropsychiatres ont déjà découvert nombre de ces centres qui produisent et gèrent les émotions. Ainsi, quand, grâce aux électrodes, on stimule par un courant électrique le centre nerveux du plaisir, le patient connaît une grande sensation de bien-être et d'euphorie. Les drogues, l'héroïne, par exemple, atteignent également ce centre, cette zone du cerveau, et créent pour finir une dangereuse accoutumance.

À ce titre, des expériences en laboratoire ont été particulièrement révélatrices. Les chercheurs ont branché sur un rat une électrode pouvant stimuler cette zone du plaisir. Le rat a fini par comprendre qu'en appuyant avec sa patte sur un bouton, il pourrait déclencher lui-même le courant électrique. Et l'animal a passé la totalité de son temps à le faire. Au point d'en oublier le boire et le manger. Au point d'en mourir de faim, d'en mourir de plaisir. Au contraire, si le neuropsychiatre vise une zone voisine, voilà le patient qui se met à pleurer, et à supplier qu'on arrête l'expérience : sa douleur morale est trop grande.

La colère, elle aussi, a son centre nerveux. Si l'on essaie de la stimuler, mieux vaut d'abord attacher le patient bien solidement !

Il a fallu des millions d'années d'évolution pour que ces centres nerveux se constituent. Ils ont tous leur raison d'être. En supprimant ou en neutralisant chez un enfant la zone générant la colère, on en fera un individu passif, mou, qui risquera bien, dans la cour de l'école, de se faire écraser et piétiner sans réagir. Oui, la colère est utile à notre survie. En soi, elle n'est donc pas mauvaise.

À l'origine, chez l'homme comme chez les animaux, c'est un mécanisme qui se déclenche quand le territoire est menacé : ainsi le chien aboie quand on passe sur le trottoir d'en face.

Mais, chez l'homme, la notion de territoire est infiniment plus complexe. Certes, nous n'apprécions guère quand un inconnu entre dans notre jardin et marche sur nos plates-bandes pour y cueillir des fleurs. Mais nous avons aussi d'autres parcelles aux limites plus floues : territoires psychologique, théologique, idéologique. Un étranger peut en franchir les frontières par la critique et la remise en question de nos croyances ou de nos idées. Alors, la colère se déclenche. Souvent de façon irraisonnée, excessive, injustifiée, même quand nous avons invité l'autre à pénétrer, ne serait-ce que par la simple conversation, dans ces territoires mouvants.

Il y a vingt-cinq ans, j'ai commencé ma thérapie pour des raisons tant professionnelles que personnelles. Après une première entrevue avec mon psychiatre, sept séances se sont passées sans qu'il me dise un mot. Ça commençait à m'agacer singulièrement. D'autant que ça me coûtait cher, surtout avec mon maigre budget de l'époque. Je me disais qu'il gagnait son argent sans trop se fatiguer.

Et puis enfin, j'en suis venu un jour à lui livrer une opinion personnelle à propos de je ne sais plus quoi. Alors, pour la première fois, il a ouvert la bouche et dit :

— Je ne vois pas très bien pourquoi vous ressentez cela.

Cette réflexion m'a exaspéré au plus haut point. Pour tout dire, j'étais furieux : il venait de hasarder un pied dans mon territoire psychologique. Pourtant, je l'avais invité à y entrer, c'était même pour cela que je le payais si largement.

Sur ces territoires flous de la conscience humaine, la colère, tel un système d'alerte trop sensible, peut se déclencher n'importe quand et n'importe comment. Il faut apprendre à gérer ce matériel de sécurité. Pour ma part, je me suis excusé auprès de mon psychanalyste. J'ai dû dire quelque chose du genre :

— Désolé, j'ai été idiot. Mon coup de gueule était puéril.

Mais cette attitude n'est évidemment pas une règle à respecter à tout prix. Dans d'autres cas, on peut dire :

— Untel a dépassé les bornes. Bah ! Il a été maladroit. Pas de quoi se mettre en colère.

Ou encore :

— Il a empiété sur mon territoire. Je ne vais pas en faire un drame, quoique...

Mais, de temps en temps, et après réflexion, nous pouvons nous apercevoir que vraiment la personne en question a délibérément et sérieusement violé notre domaine intime. Alors, il faut intervenir énergiquement. Ou, si c'est encore plus grave, il faut réagir sur-le-champ et déverser sa rage tout de suite.

Ça n'était évidemment pas le cas pour mon thérapeute.

Mais on peut voir qu'il y a toute une gamme de réactions possibles au moment où la colère semble s'éveiller. Il faut connaître cette gamme. Il faut apprendre à bien choisir selon les circonstances. Chose extrêmement difficile et qui demande beaucoup d'expérience. Pas étonnant dans ce cas que l'on n'arrive à dominer et à doser sa colère qu'à l'âge adulte. Mettons entre trente et quarante ans. Et encore...

Juger, mais se juger

La colère, c'est rejeter sur un autre la responsabilité d'un événement. Cet autre a cherché à nous nuire, prétendons-nous. Accuser, c'est juger.

« Ne vous posez pas en juge afin de ne pas être jugés. » Tel était le sujet du seul concours d'expression orale que j'aie jamais remporté de ma vie, à l'âge de seize ans. J'avais pontifié sur les paroles du Christ pour conclure que l'on ne devait jamais juger autrui. J'y ai gagné une boîte de balles de tennis !

Je n'ai plus seize ans. Et je pense, d'expérience, qu'il est impossible de passer une vie entière sans jamais porter le moindre jugement sur les autres. Avant d'embaucher ou de licencier quelqu'un, avant d'épouser une personne, on pèse le pour et le contre, les défauts et les qualités, on juge. Notre avenir et le sien dépendent de la qualité de ce jugement.

Pourtant, juger autrui, n'est-ce pas se mettre en contradiction avec les paroles du Christ ? Non, car ces paroles ont souvent été très mal interprétées. Il ne disait pas : « Ne jugez jamais », mais : « Chaque fois que vous jugez, attendez-vous à être jugé. » Puis il ajoutait : « Qu'as-tu à regarder la paille qui est dans l'œil de ton

frère ? Et la poutre qui est dans ton œil, tu ne la remar-
ques pas ? » Ce qui veut dire clairement qu'il faut se
juger soi-même avant de juger les autres. Puis, quand la
foule en colère voulut lapider la femme adultère, Jésus
leur lança : « Que celui qui n'a jamais péché lance la
première pierre ! » Personne n'osa bouger. Alors Jésus
se tourna vers la femme : « Personne ne t'a condamnée.
Moi non plus je ne te condamne pas. Va, et désormais
ne pèche plus. » Il lui disait ainsi : juge-toi toi-même
avant de juger les autres. Bien sûr, nous sommes tous
pécheurs. Pourtant, il nous est nécessaire de jeter une
pierre à un autre pécheur, parfois.

Licencier un employé est toujours une décision déli-
cate à prendre. Douloureuse aussi. Mais, cette fois, vous
êtes bien obligé de le convoquer dans votre bureau,
d'ouvrir son dossier et de lui dire :

— Depuis quatre ans, vous n'êtes pas parvenu à
atteindre vos objectifs. Et ça fait six fois que je vous
surprends soit à mentir soit à dissimuler. Je suis obligé
de vous licencier.

Est-ce vraiment la bonne décision ? L'avez-vous prise
au bon moment ? Il vous est impossible de le savoir.
Aujourd'hui, à cet instant précis, le licenciement est la
seule solution qui reste. Il faut toutefois regarder en
arrière et vous poser un certain nombre de questions :
Dans le passé, vous êtes-vous réellement intéressé à cet
employé et à ses problèmes ? Quand il a commis son
premier dérapage, l'avez-vous averti ou vous êtes-vous
dérobé ? N'avez-vous pas laissé la situation pourrir, par
négligence ou refus de l'affrontement ? Il est trop tard,
maintenant, mais si vous répondez honnêtement à ces
questions, vous traiterez différemment à l'avenir vos
autres employés. Et ça vous évitera ce genre de décision brutale.

La peur de ne pas savoir

À quel moment faut-il juger, à quel moment s'autocritiquer ?

Quand j'ai commencé ma carrière de conférencier, j'ignorais si c'était ma vraie vocation. Dieu m'avait-il destiné à cela ou bien m'étais-je lancé dans cette aventure pour satisfaire mon ego ? Je me torturais l'esprit à vouloir trouver une réponse claire. Finalement, j'ai confié mes angoisses à l'organisatrice de ma deuxième série de conférences.

Un mois après nos premières conversations, cette organisatrice m'a envoyé un poème dont elle était l'auteur. Elle ne l'avait pas écrit en pensant à moi, mais elle m'a précisé que les derniers vers m'intéresseraient personnellement. C'était peu dire : ils correspondaient exactement à ce que j'avais besoin de lire à cette époque :

La Vérité est que je veux Cela
Et le prix à payer
Est de se poser la question encore, encore et encore.

J'ai alors compris que, jusqu'à présent, j'avais attendu de Dieu quelque chose comme une révélation, une recette ; qu'Il me dise : « Des conférences tu donneras. » Ou au contraire : « Jamais en public ne parleras. »

Ces quelques vers ont mis fin à cette attente d'une révélation divine, d'une réponse toute faite. Et j'ai pris conscience qu'avant d'accepter une conférence, avant d'élaborer mon programme annuel, je devrais me poser « encore et encore » cette question primordiale :

— Dieu, est-ce bien cela que tu veux que je fasse actuellement ?

Je devrais continuer à me torturer l'esprit pour tenter de trouver la réponse.

Prenons un autre exemple qui arrive inéluctablement dans chaque famille. La fille de seize ans est invitée à une soirée. Elle demande à ses parents si elle peut rester là-bas jusqu'à deux heures du matin. Il y a deux solutions de facilité, deux réponses toutes faites. Pour des parents répressifs :

— Pas question. Tu feras comme d'habitude : permission de dix heures. Un point c'est tout.

Pour des parents permissifs :

— Bien sûr, ma chérie, fais ce tu veux.

Deux réponses qui ont le grand tort de ne demander aucun effort de réflexion aux parents. Et pourtant, cette demande, tellement importante pour la jeune fille, mérite qu'on y réfléchisse. La fameuse permission de dix heures avait été instaurée alors qu'elle n'avait que quatorze ans. Elle en a seize... Mais samedi, à cette soirée, il y aura de l'alcool.... Allons, c'est une fille sérieuse, elle a un très bon carnet de notes, et puis un sens réel des responsabilités. Sans doute, mais le garçon qu'elle fréquente actuellement n'est pas forcément le gendre idéal... Confiance ou pas confiance ? Permission de dix heures ou de deux heures ? Pourquoi pas un compromis ? Minuit, par exemple...

La solution et la réponse des parents n'ont en soi guère d'importance. Car même si leur fille n'est pas satisfaite de leur décision finale, elle a vu qu'on s'intéressait à elle, qu'elle était prise au sérieux. Bref, que ses parents s'inquiétaient pour elle, se « torturaient », donc qu'ils l'aimaient.

C'est tout ? Pas de réponse miracle à cette situation ? Non. Quand on me demande une recette, une solution pour résoudre tel ou tel problème, même plus grave que celui-là, je réponds toujours que je n'en ai pas. Chaque situation est différente, chaque cas est unique et induit ses propres interrogations. C'est au cœur de ces questions que se trouve la réponse. Alors, en suivant cette démarche, vous finirez probablement par trouver la bonne solution. Mais vous subirez aussi l'angoisse, la souffrance de ne jamais savoir avec certitude si vous avez fait le bon choix.

Vérité et volonté

J'ai associé tout à l'heure Dieu et la Vérité. Ce n'est pas un hasard car la Vérité, tout comme Dieu, nous dépasse. Et tendre vers la Vérité, c'est rechercher un pouvoir supérieur, divin, afin de s'y soumettre.

Certains pourraient m'accuser, au vu de cette affirmation, d'avoir une conception très réactionnaire, voire fondamentaliste de la religion. Ce n'est absolument pas le cas. Il est hors de question pour moi, par exemple, de condamner la science. La science est en fait un ensemble de questions, de conventions et de procédés qui se sont développés à travers les âges afin de combattre les illusions, les apparences si souvent trompeuses. La science est ainsi soumise à un arbitre plus haut placé, à un pouvoir supérieur : la Vérité.

Le Mahatma Gandhi disait : « La Vérité, c'est Dieu, et Dieu c'est la Vérité. » Or, même si elle ne répond pas à toutes les questions, la recherche scientifique doit être considérée comme un comportement religieux, puisqu'elle implique une soumission à un pouvoir supérieur.

Certains croiront que se soumettre à un pouvoir supérieur, accepter une vérité fondamentale est, chez l'être humain, le signe d'une absence de volonté. Tout au

34

contraire. Je pense qu'une forte volonté est un de nos meilleurs atouts. Non pas parce que c'est l'assurance absolue de la réussite. Même si le manque de volonté conduit immanquablement à l'échec.

J'ai pu constater que les patients qui progressent le mieux et le plus vite en psychothérapie sont ceux qui sont dotés d'une forte volonté. Volonté qui se traduit par une détermination à évoluer, à « guérir ». Mais toute médaille a son revers. Et cette grande qualité implique souvent une personnalité prompte à s'emporter, colérique.

J'ai expliqué ce phénomène à mes patients par l'image suivante. Un petit âne dans votre jardin, voilà l'exemple d'une volonté faible. Il ne peut guère vous faire de mal, au pire grignoter quelques-unes de vos fleurs. Mais il ne peut pas vous faire de bien non plus. En revanche, prenez une bonne douzaine de solides percherons, voilà une forte volonté. Une volonté capable de détruire votre maison, s'ils ne sont pas disciplinés. Mais, sérieusement dressés et harnachés, ils vous aideront à déplacer des montagnes.

Il faut donc que la volonté soit maîtrisée. Gerald May l'a habilement démontré dans son ouvrage *Will and Spirit* [1]. Le premier chapitre est intitulé « Volonté et bonne volonté ». Selon lui, la volonté, c'est celle que l'on ne maîtrise pas, et la « bonne volonté » celle dont nous nous servons pour aller où nous sommes appelés, guidés, par un pouvoir supérieur.

Une différence poétiquement décrite dans *Equus*, la pièce magnifique de Peter Schaffer : un jeune homme qui a crevé les yeux de six chevaux est soigné par Martin Dysart, un psychiatre lui-même en pleine crise de retour

---

1. La Volonté et l'Esprit.

d'âge. Au bout de cette rencontre et de cette épreuve, le psychiatre conclut :

« Je n'irai pas jusqu'à dire que c'est Dieu qui a voulu ça, mais je le lui offrirai tout de même en sacrifice. Maintenant, c'est mon tour d'avoir un mors qui me blesse la bouche. Et celui-là, je ne pourrai jamais l'enlever. Jamais. »

Les gens du mensonge

Ce n'est pas par hasard si les gens qui font le plus de mal aux autres sont ceux qui refusent de se soumettre à un pouvoir supérieur. Ce sont pour la plupart des individus dotés d'une volonté plus forte que la moyenne. Ils en sont parfaitement conscients, et cela les rend narcissiques, égocentriques. Ils sont capables des accusations les plus destructrices et les plus injustifiées. Ils ne peuvent pas, ils ne veulent pas enlever la poutre plantée dans leur œil.

Ces gens-là, je les appelle « les gens du mensonge ». Ce n'est pas seulement aux autres qu'ils mentent, mais surtout à eux-mêmes. En général, quand on fait remarquer à quelqu'un de « normal » qu'il a fait une erreur, ou qu'il a quelque défaut, cette personne l'admet plus ou moins volontiers et tente de se corriger, plus ou moins bien. Mais « les gens du mensonge », eux, ne peuvent et ne veulent pas reconnaître leurs faiblesses, leurs fautes, quelles que soient les preuves flagrantes qu'on leur apporte. La seule chose qui compte pour eux, c'est de paraître parfaits. Au prix d'efforts parfois démentiels, ils cachent aux autres et à eux-mêmes leurs défauts, leurs faiblesses. Ils taisent la vérité. Ainsi, jamais ils ne tenteront de progresser, de s'améliorer. De toute leur volonté,

ils rejettent la responsabilité sur les autres, pour se protéger, pour protéger leur maladie. C'est ainsi qu'ils font le
plus de mal.

Au fond, c'est amusant de critiquer, de blâmer,
d'accuser les autres. C'est un jeu. Comme la colère.
Comme la haine aussi. Un jeu, ça procure du plaisir.
Puis on s'habitue, on s'accoutume, et on finit par ne plus
pouvoir s'en passer. Le plaisir est devenu un besoin.

J'ai découvert cet aspect insidieusement ludique des
« gens du mensonge » dans des ouvrages consacrés à la
possession démoniaque. Souvent, le possédé est décrit
dans une attitude étrange : il est assis dans un coin, la
jambe levée jusqu'à la bouche et se rongeant la cheville.
Une position que l'on retrouve dans des gravures médié-
vales figurant l'Enfer : il y a toujours l'un des damnés
dans cette posture pour le moins inconfortable. Je n'en
ai compris la signification qu'après avoir lu le *Petit ABC
de théologie* de Fréderich Buechner. Dès le début du
livre, il compare la colère à une manière de ronger un
os. Mais pas l'os d'un autre. Le sien.

Cet os de la colère, que l'on ronge en permanence, en
ressassant l'idée qu'un autre vous a fait du tort, devient
une habitude, une manie dont on ne peut plus se passer,
comme le flambeur qui s'accroche à la table de poker.
Le regretté psychiatre Eric Berne, dans *Des jeux et des
hommes, psychologie des relations humaines*, appelait
cela un « jeu psychologique ». Berne ne voulait pas dire
par là que c'était un divertissement comme un autre.
Encore qu'il y ait beaucoup d'analogies, dont justement
le côté amusant du jeu. Il définit ce nouveau concept
comme : « un système récurrent de transactions, souvent
répétitives, superficiellement plausibles et à motivations
cachées ». Essayons de traduire en langue vulgaire ce
jargon psychologique. Par « transactions répétitives »,

Berne entendait : des actions commencées par plaisir, répétées par habitude, ressassées enfin sans imagination, dans une sorte de cercle vicieux. « La motivation cachée » de ces actions répétitives, c'est la raison profonde pour laquelle on a commencé ce jeu. Et cette raison oubliée est souvent sournoise, manipulatrice.

Ces jeux ont une forme circulaire, où l'on revient toujours là d'où on est parti. Cela peut durer éternellement. Et Berne dit, non sans humour, que la seule manière d'arrêter un jeu, c'est... de l'arrêter !

Cela évoque le circuit et les règles du Monopoly. Depuis quatre heures, je jette les dés dans l'espoir de construire un hôtel rue de la Paix. Mais il me faut de l'argent, il faut que je passe une nouvelle fois par la « case départ » pour recevoir vingt mille francs. Et je passe par la « case départ », mais je dois payer une amende, il faudra donc que j'y repasse à nouveau.

— J'en ai assez, de ce jeu idiot. on perd notre temps.

— Tu es fou ? Tu viens juste de toucher vingt mille francs. Et moi, je veux construire deux maisons rue de Vaugirard.

— J'en ai assez, je te dis. Stop.

Oui, la meilleure manière d'arrêter un jeu, c'est de l'arrêter. Et c'est tout aussi valable pour les jeux psychologiques chers à Berne. Ainsi le jeu des reproches, très pratiqué dans les vieux couples :

— Je sais bien, dit la femme, que je suis toujours en train d'asticoter mon mari. Mais c'est la seule manière de parler avec lui. Il a une telle carapace ! Je dois toujours le harceler pour qu'il réagisse.

Et le mari de répondre :

— C'est vrai que j'ai une carapace. Mais qu'est-ce que vous voulez ? Ma femme est toujours sur mon dos. Il faut bien que je me protège, moi aussi.

Arrêter le jeu des reproches en arrêtant ? En *pardon-nant*. Pardonner, c'est arrêter de jouer. Et ce n'est pas facile.

Le mal existe

Oh non, le pardon n'est pas chose aisée. Et s'il l'était, cela voudrait dire, comme le croient certains adeptes du New Age, que le Mal n'existe pas.

Dans son livre *L'amour, c'est se libérer de la peur*, qui a connu un très grand succès aux États-Unis, mon éminent confrère Gerald Jamposly présente le pardon comme une chose simple. Au lieu de juger les autres, dit-il, nous devrions chercher le bon et le divin qui est en eux, en faisant abstraction de tout le reste.

Cela me semble bien généralisateur et bien simpliste. Je préfère quant à moi faire comme ce maître soufi des temps anciens qui disait : « Lorsque je vous dis de pleurer, je ne veux pas dire qu'il faut verser des larmes en permanence. Et quand je vous dis de ne pas pleurer, ce n'est pas pour faire le pitre à longueur de journée. »

Méfions-nous de tout généraliser. Dans la mouvance New Age, on a fini par croire que trouver des excuses aux autres, c'est en trouver *toujours*. Neuf fois sur dix, c'est vrai, mais la dixième fois, s'il s'agit d'Hitler...

D'ailleurs, excuser et pardonner, ce n'est pas du tout la même chose. Trouver des excuses, c'est éviter de regarder le mal en face. Par exemple : « Le deuxième mari de ma mère m'a brutalisée quand j'étais petite. Mais, le pauvre, il avait eu lui-même une enfance malheureuse. »

Pardonner, en revanche, c'est prendre ledit beau-père entre quatre-z-yeux et lui dire : « Tu t'es conduit comme une brute à mon égard. Peu importe les raisons. Mais j'en ai profondément souffert. Je le sais, mais je te pardonne malgré tout. »

Le véritable pardon est un processus pénible, laborieux, mais il est indispensable à notre santé mentale.

Le pardon de façade

Ils sont nombreux, les patients qui entrent chez le psychothérapeute pour la première fois en disant :

— Je sais que je n'ai pas eu une enfance très heureuse, mais mes parents ont fait de leur mieux et je leur pardonne.

C'est le type même du pseudo-pardon. Le thérapeute n'a alors pas beaucoup à approfondir avant de constater que le patient n'a rien pardonné du tout. Il a réussi à s'en persuader, tout bonnement.

Pour le thérapeute, la première étape est d'abord de faire le procès des parents, avec des chefs d'accusation, un dossier pour la défense, une procédure d'appel et enfin un jugement. C'est un rude travail qui demande de grands efforts au patient. Et souvent, il démissionne très vite par un pseudo-pardon. Il faut pourtant arriver jusqu'au verdict :

— Non, mes parents n'ont pas fait de leur mieux. Oui, ils auraient pu agir autrement. Oui, ils ont commis de graves erreurs.

Alors seulement le travail sur le pardon peut commencer. Car comment pourrait-on pardonner à quelqu'un qui n'aurait pas commis de fautes ?

Souffrir, c'est accuser

Nombre de patients d'un psychanalyste souffrent de masochisme. Ça ne veut pas dire qu'ils assouvissent leurs désirs sexuels, menottes aux poignets et à coups de fouet dans le dos, mais qu'ils ont dans la vie un comportement étrangement autodestructeur.

Ainsi ce jeune homme brillant, compétent, réussissait parfaitement bien dans sa branche. À vingt-six ans, il était sur le point de devenir le plus jeune vice-président de son entreprise. Et là, il se lance dans un projet extravagant qui échoue ; le jeune homme est viré. Compte tenu de son talent, il n'a pas de mal à retrouver un autre emploi. Il monte les échelons très vite et, deux ans plus tard, vlan ! il recommence les mêmes erreurs. À nouveau, c'est la porte. À la troisième expérience, il comprendra peut-être enfin.

Les exemples de ce type sont multiples. Or, ce sont surtout ces gens au comportement autodestructeur et masochiste qui pratiquent le pseudo-pardon.

Seul le vrai pardon peut faire échapper au processus d'autodestruction, au masochisme. Observons pour cela le comportement des enfants. Car ce qui est psychopathologique chez les adultes reste un comportement normal à leur âge.

Ce petit garçon de quatre ans veut absolument faire de beaux pâtés de sable sur le tapis du salon. Naturellement, sa mère le lui interdit. Il insiste. Elle ne cède pas. Alors, en criant et en pleurant, il monte dans sa chambre, claque la porte derrière lui et se jette sur son lit en sanglotant. Au bout de cinq minutes, c'est le silence. Après un délai raisonnable d'une demi-heure, sa mère pense qu'il est temps de faire la paix. Le petit adore les glaces au chocolat, elle lui sort du frigo un gros cornet et entre dans la chambre. Il boude.

— Tiens, Scotty, je t'ai apporté une glace comme tu les aimes.

— J'en veux pas ! dit le bambin en repoussant violemment la friandise.

Pourquoi rejette-t-il ainsi ce qu'il adore ? Parce que, à ce moment-là, il a plutôt envie de détester sa mère que d'adorer les glaces au chocolat. Sa haine apparente, sa rage et ce sadisme, c'est en fait du masochisme. En refusant la glace, il sait bien, au fond, que c'est lui qui souffre et pas elle.

Les adultes au comportement autodestructeur font à peu près la même chose. « Mes parents, se persuadent-ils — il est presque toujours question d'eux —, ont gâché ma vie. C'est à cause d'eux que je rate tout. » Pris par ce jeu des reproches, ils rongent cet os, cette plaie qu'ils croient lécher et se dévorent eux-mêmes. Qu'importe alors qu'ils soient en bonne santé, qu'ils n'aient pas de problèmes d'argent, que leurs enfants réussissent, que leur couple marche bien, ils continueront à être mal dans leur peau. Jusqu'au moment où, après toute une démarche éprouvante, ils réussiront à pardonner. À *vraiment* pardonner.

Pardonner, ce n'est pas oublier

Un de mes patients, qui avait été particulièrement maltraité par ses parents, me dit un jour :

— Moi, je voudrais bien leur pardonner. Mais il faudrait d'abord que je leur rappelle tout ce qu'ils m'ont fait subir, et que je les entende me présenter leurs excuses. Même pas, d'ailleurs ! Qu'ils m'écoutent, simplement. Mais je suis sûr qu'ils me répondraient que tout ça, c'est de l'invention. Ils refuseraient de se souvenir de leurs actes. Et vous voudriez que je leur pardonne ?

— Oui, car c'est indispensable à votre guérison. Aussi douloureux que cela puisse être. Qu'importe alors que vos parents expriment leurs regrets. Ce n'est pas cela qui vous soignera.

Mais la résistance au pardon prenait parfois d'autres formes. En particulier celle du pseudo-pardon. Ils me disaient alors :

— Pourquoi évoquer toutes ces mauvaises actions ? Nous n'arrêtons pas de parler de ce que mes parents ont fait de mal. Ils ont fait de bonnes choses aussi.

— Bien sûr. D'abord, ils vous ont donné la vie. Seulement voilà, il faut nous focaliser sur le mauvais. En raison de la loi Sutton.

— De la loi quoi ?

— De la loi Sutton. C'était un fameux gangster. Un jour, un journaliste lui demanda pourquoi il pillait les banques. Et il répondit : « Parce que c'est là qu'il y a l'argent. » Eh bien moi, si je m'attaque au mal que vous ont fait vos parents, c'est que c'est là que sont vos blessures, que sont les zones à soigner.

Autre façon de se dérober au pardon, l'oubli pur et simple :

— À quoi bon évoquer tout ça ? C'est du passé.

Il est impossible d'oublier, d'oublier vraiment. Même si, par le mécanisme du refoulement, on arrive à s'inventer des souvenirs, à gommer de la mémoire des choses qui nous sont arrivées. L'inconscient, lui, n'a pas oublié, et c'est comme un fantôme qui hante le fond de l'âme. un phénomène pire qu'un souvenir net et précis. En voici un exemple : Il arrive fréquemment que des femmes qui furent, dans leur enfance, harcelées sexuellement par leur père ou leur beau-père, et ce sur des période de deux ou trois ans, aient complètement refoulé ces souvenirs à l'âge adulte. Or, un jour ou l'autre, elle se retrouvent devant le psychiatre, apparemment pour une tout autre raison : l'échec de leurs relations avec les hommes. Ce grave traumatisme de leur enfance est bien là, à les hanter, mais sans qu'elles le sachent. Grâce à la thérapie, elles mettront enfin ce fantôme en pleine lumière.

J'expliquais donc à mes patients qu'on ne peut pas oublier réellement les souffrances passées. Le mieux à faire, c'est d'accepter le traumatisme. Pour pouvoir s'en souvenir sans en souffrir.

C'est pour cela que la première étape doit être la remontée à la conscience des crimes commis. La présence sécurisante du thérapeute est là pour aider à franchir l'obstacle. Dans un premier temps, vient la colère. Autant l'énumération des souffrances infligées était comme l'acte d'accusation, autant cette colère est un réquisitoire.

Mais qu'on y prenne garde ! S'accrocher à cette colère, en rester à ce stade, c'est trouver une autre forme de souffrance. C'est pourquoi intervient alors la nécessité du pardon. Au fond, le pardon est égoïste. Il n'est pas destiné au bien de ceux qui vous ont fait souffrir. D'ailleurs, s'ils sont encore vivants, ils ne se souviennent même pas de leurs fautes.

C'est pour son propre bien que l'on doit pardonner. Pour son propre équilibre. Mais si nous continuons à nous accrocher à notre colère, à notre ressentiment, nous cessons d'évoluer et notre âme se racornit.

3

Ce que la mort veut dire

Depuis mon adolescence, j'ai lié de très intimes relations avec la mort. Le sujet m'a toujours fasciné. Non pas par je ne sais quelles tendances suicidaires, mais plutôt par réaction à mon milieu familial, un milieu très superficiel où on se préoccupait plus de la place des fourchettes et des couteaux sur la table que des choses essentielles.

Alors, peut-être par rébellion, je me suis fixé très tôt cette ligne de conduite : « Oublie le dérisoire. Demande-toi ce qui est *réellement* important. » Ce qui est important ? C'est d'abord que l'existence humaine est limitée dans le temps. Nous allons tous mourir. Ainsi a commencé mon histoire d'amour avec la mort.

Devenu adulte, j'ai pu admettre que ce n'était pas l'unique chose essentielle, ni même la première, mais disons qu'elle se situe à une bonne deuxième place. C'est sans doute cela, devenir adulte : accepter la mort comme un fait inéluctable ; nous retournerons tous à la terre.

Mais quand on a enfin admis ce fait, on risque de glisser dans le désespoir : puisque, fatalement, je serai un jour choisi par la Faucheuse, quel sens, quelle utilité peut avoir ma vie ? À quoi bon ? Pendant quelque temps, je survivrai à travers mes enfants, mais les générations succéderont aux générations et le souvenir même de mon nom se perdra dans les sables.

Dans les sables, comme la statue brisée d'*Ozymadias*, le célèbre poème homonyme de Shelley. On ne voit plus, émergeant dans le désert, que le piédestal, deux grandes jambes sans tronc et une tête brisée dont les morceaux sont ensevelis sous la dune. Qui était cet homme, quand a-t-il vécu, qu'a-t-il fait dans sa vie ? Nul ne le sait. Et pourtant, on peut lire sur le socle de la colossale statue en ruine :

> Je m'appelle Ozymadias, roi des rois :
> Contemple mon œuvre, Toi le Puissant, et sois déses-
> [péré !

Ainsi, même l'empreinte que les rares Grands Hommes avaient réussi à laisser dans l'Histoire a fini par s'effacer sous l'usure du temps.

La peur de la mort

La vie ne signifierait donc rien et serait inutile puisqu'elle est provisoire et que la postérité même se volatilise ? Je suis très intimement persuadé du contraire. Parce que l'idée que nous nous faisons de la mort est complètement erronée. Quoi qu'on en pense, c'est la mort, précisément, qui donne toute sa signification à l'existence.

Elle est une merveilleuse maîtresse. Une maîtresse qui nous permet de comprendre la profondeur et le sens de notre vie. On se sent déprimé, inutile ? Il faut alors regarder là-bas, au bout du chemin, l'échéance inévitable. Moi qui ai avec elle des relations suivies, je peux dire que, comme tout grand amour, la mort est pleine de mystère. Un mystère stimulant qui nous interroge sans cesse.

La plus grande difficulté, pour la plupart des gens, est d'admettre qu'ils vont mourir un jour. Ils refusent d'y penser. Ils chassent la mort de leur esprit. En faisant cela, ils mettent des bornes au champ de leur conscience.

Or, les grands penseurs, les grands écrivains ont toujours été à un moment ou à un autre fascinés par le mystère de la mort. Ça leur permet de ne pas limiter leur réflexion. Si nous voulons devenir des gens bien, disait à peu près Albert Schweitzer, nous devons nous habituer à l'idée de notre fin. Pas jusqu'à nous en obséder de midi à minuit, mais, poursuivait le bon docteur de Lambaréné, quand le chemin de la vie accède à un point élevé d'où l'on peut contempler le lointain à perte de vue, ne fermons pas les yeux, regardons de tous côtés l'horizon qui s'offre à nous. Penser ainsi à la mort, concluait le prix Nobel de la Paix 1952, apporte l'amour de la vie, car notre fin nous paraît familière ; nous considérons chaque jour comme un don, et c'est alors que cette vie, petit à petit, nous devient très précieuse.

La vision de la mort qu'avait le docteur Schweitzer est tout à fait exceptionnelle. Car, je l'ai bien vu chez mes patients, une bonne moitié d'entre eux pratiquait, vis-à-vis de leur fin, une véritable politique de l'autruche. Leur refus, leur résistance à regarder la mort en face faisait partie intégrante de leur maladie. Ils avaient peur de tout et trouvaient la vie ennuyeuse. Ils n'aimaient pas rendre visite à un ami hospitalisé, évitaient de lire la chronique nécrologique des journaux, oubliaient d'envoyer des lettres de condoléances. La nuit, ils se réveillaient en sueur d'un cauchemar où ils se noyaient. La seule manière de les guérir, c'était de leur sortir la tête du sable. Le courage et la confiance en soi sont impossibles si l'on n'est pas capable de regarder la mort en face.

Ces œillères que l'on se met soi-même peuvent rendre l'être humain d'une immense fragilité. Ainsi, au début de ma carrière de psychiatre, une personne vint me voir dans un état de panique absolue. C'était un homme dont le beau-frère s'était suicidé, trois jours auparavant. Mon nouveau patient était tellement perturbé qu'il s'était fait accompagner par sa femme. Elle lui tenait la main. Il s'assit et commença un discours à la limite du délire :

— Mon beau-frère... il s'est tiré une balle dans la tête... C'était avec un pistolet. Il a suffi d'un petit déclic... Un tout petit geste... Il est mort. Moi, si j'avais une arme... Non, je n'ai pas d'arme... Mais si j'en avais une, je pourrais me tuer... Non, je n'ai pas envie de me tuer... Mais j'aurais juste à appuyer sur la détente.

C'était évident, sa panique ne venait pas du suicide de son beau-frère. Simplement, ce décès brutal l'avait mis en face de sa propre mort. Je le lui dis.

— Non, je n'ai pas peur de mourir ! s'exclama-t-il.

Sa femme intervint alors :

— Chéri, tu devrais parler au docteur des corbillards et des pompes funèbres...

L'homme m'avoua qu'il avait une véritable phobie pour tout ce qui évoquait, de près ou de loin, un enterrement. Chaque jour, il se rendait à pied à son travail. Mais il faisait un large détour pour éviter de passer devant la vitrine de l'ordonnateur des pompes funèbres. Et quand il voyait arriver un corbillard, il se réfugiait dans une entrée d'immeuble ou un magasin.

J'insiste :

— Vous avez vraiment peur.

— Non, non et non ! Mourir ne m'effraie pas. Mais

toutes ces cérémonies, ces enterrements, ça me gêne, quoi.

C'était le type même du transfert. Toute sa phobie s'était focalisée sur les apparats qui accompagnent un décès, afin de ne pas voir qu'il avait seulement peur de voir sa mort en face, de l'accepter.

Je m'aperçois que je me sers souvent, pour mes démonstrations, de l'exemple de mes patients. Le lecteur pourrait penser que ces gens ne sont pas « normaux », qu'ils sont plus lâches que la moyenne de l'humanité. C'est complètement faux. Au contraire, ceux qui font la démarche de venir en psychothérapie sont sans doute les plus sages et les plus courageux d'entre nous. Tout individu a ses problèmes. Mais, le plus souvent, on essaie de prétendre qu'ils n'existent pas, ou on les fuit dans la boisson, la drogue ou la bonne vieille politique de l'autruche. Il faut donc être très avisé, très courageux pour se soumettre au difficile processus de l'auto-examen dans le cabinet d'un psychothérapeute. Notre société est dominée par la volonté d'oublier et de refuser la mort. C'est une lâcheté collective. Un jour, m'a raconté une consœur, deux étudiants sont morts dans un collège de sa ville, l'un de leucémie, l'autre dans un accident de voiture. Les élèves de première et de terminale ont alors fait une demande au proviseur pour qu'on leur propose un cours facultatif sur la mort. Un prêtre s'était même offert pour organiser la chose et trouver des professeurs bénévoles, afin d'éviter des frais supplémentaires. Mais le conseil directorial du collège a refusé, par neuf voix contre une, de faire entrer cette nouvelle matière dans les programmes. Selon lui, le sujet était trop morbide. Des gens ont protesté alors contre cette décision dans le journal local qui a publié un éditorial pour soutenir les élèves. La pression était telle que le conseil a reconsidéré la question. Mais le deuxième vote a été identique au premier. Le plus intéressant dans cette affaire, c'est que, selon ma consœur, toutes les personnes qui avaient écrit au journal, l'éditorialiste qui les avait défendus et le seul membre du conseil qui avait voté pour, avaient tous suivi une psychothérapie et certains même la suivaient encore. Si cela n'est pas une preuve de leur courage...

Choisir quand mourir

Dans cette société qui nie la mort, on veut la considérer comme un accident, quelque chose d'absurde qui échappe à notre contrôle. À nouveau, nous voilà pris dans un cercle vicieux : on a peur de la mort, donc on refuse de la regarder en face, donc de ne pas voir qu'il ne faut pas la craindre.

Pourtant, sans en avoir conscience, nous choisissons, malgré nous, le moment, le lieu et la cause de notre mort. Il ne s'agit pas ici de mort volontaire, suicide avoué ou déguisé, comme ces alcooliques qui boivent jusqu'à en mourir, ces fumeurs qui alimentent volontairement leur emphysème à grands coups de nicotine. Non, je parle des maladies qui nous tombent dessus sans que nous croyons en être responsables, même une crise cardiaque, voire un cancer.

Quand, il y a une trentaine d'années, les chirurgiens commencèrent à généraliser les opérations à cœur ouvert, et c'était beaucoup plus risqué qu'aujourd'hui, ils découvrirent que ceux qui étaient les plus à même de prévoir les séquelles opératoires, c'était les psychiatres. Ces derniers avaient interrogé un grand nombre de patients avant l'opération. Ils les avaient répartis en trois grandes catégories : petits risques de séquelles, moyens risques et grands risques.

Les petits risques, quand on leur demandait de dire ce qu'ils pensaient de leur opération, répondaient par exemple :

— C'est prévu pour vendredi. Je dois dire que j'ai une sacrée trouille. Mais, vous comprenez, depuis huit ans, je ne peux plus rien faire. Le moindre parcours de golf et je suis essoufflé comme une locomotive. Eh bien, vous savez ce que m'a dit mon chirurgien ? Si l'opération se passe bien, je pourrai reprendre mes clubs dans six semaines. Soit le 1er septembre. J'ai déjà réservé. J'y serai à 8 heures du matin pétantes. J'adore quand il y a de la rosée sur le gazon. Et puis, j'ai le parcours bien en tête.

En revanche, dans le groupe à hauts risques, c'était une autre antienne. Ainsi cette femme :

— Que voulez-vous savoir sur mon opération ? demande-t-elle au psychiatre.

— Pourquoi allez-vous être opérée ?

— Parce que mon médecin m'a dit de le faire.

— Et après l'opération ? Êtes-vous impatiente de reprendre vos activités ?

— Je dois dire que je n'y ai même pas pensé.

— Pendant huit ans, vous manquiez tellement de souffle que vous ne pouviez même pas faire du shopping. Ça ne vous fait pas envie, maintenant ?

— Oh non, j'aurais trop peur de reprendre la voiture après tant d'années.

En ne prenant en compte que ces deux catégories extrêmes, on a pu constater que seuls six patients sur dix du groupe dit « à hauts risques » survécurent à l'opération. Parmi les petits risques, il y en eut 80 % ! Même maladie, même opération, mêmes chirurgiens et pourtant une telle différence dans le taux de mortalité ! Une différence qui, grâce à la psychiatrie, était prévisible avant l'opération.

Du côté du cancer, une étude a été menée par David Siegel, psychiatre à l'université de Stanford. Il a analysé deux groupes de femmes dont le cancer avait atteint le stade de la métastase. Le premier groupe subit un traitement médical classique. On demanda à celles du second de suivre parallèlement une psychothérapie. Premier résultat auquel on s'attendait, ces dernières ressentirent moins d'angoisse et de souffrances physiques. Mais surtout elles vécurent deux fois plus longtemps que celles du premier groupe.

À propos des miraculés

Il existe, tous les médecins le savent, des cas, certes rares et occasionnels, de ce que l'on peut appeler des rémissions spontanées du cancer. Nous avons tous entendu parler de ces patients que les spécialistes croyaient inopérables et condamnés à court terme, mais qui, pourtant, ont vécu encore cinq, voire dix ans de plus. La science aurait dû se passionner pour ces cas exceptionnels. Mais non, c'est comme si cela n'avait jamais existé.

Timidement, depuis une quinzaine d'années, certaines études ont été lancées sur le phénomène. Il est encore trop tôt pour que les résultats en soient significatifs, mais une chose est sûre : l'un des points communs à ces « anomalies » a été la réaction du malade se sachant condamné. Chaque fois, il avait décidé de changer d'existence, durant le court temps qu'il lui restait à vivre :

52

— Pas question que je retourne travailler dans ma boîte. Moi, depuis que je suis tout gosse, je rêve de restaurer des vieux meubles. Eh bien, je vais le faire, maintenant. Je n'ai plus rien à perdre.

Ou encore :

— Il ne me reste qu'un an à vivre ? Très bien. Je n'ai aucune envie de le passer en compagnie de ce vieux pervers de Scotty. Je le plaque.

Après ce changement radical dans leur vie, le cancer disparaissait, comme par miracle. Ce phénomène a fini par intriguer des chercheurs de l'université de Californie qui se sont posé la question : est-ce que, par l'intermédiaire de la psychothérapie, on ne pourrait pas inciter des malades condamnés à changer de vie ? La difficulté était de trouver des patients prêts à essayer. Quand enfin il avait trouvé un incurable volontaire pour tenter l'expérience, le psychiatre lui expliquait :

— Si vous êtes d'accord pour tenter une thérapie, analyser votre existence passée, entreprendre des changements importants dans l'avenir, nous croyons que votre vie en sera prolongée.

Naturellement, le malade bondissait de joie. Enfin un peu d'espoir !

— Bien, disait alors le praticien. Demain, entre quatre et six heures, nous réunissons des malades qui sont dans le même cas que vous. Vous viendrez.

Le patient acceptait avec enthousiasme. Mais le lendemain, personne. Pourquoi ?

— J'ai complètement oublié. Excusez-moi.

— Venez donc demain, alors.

Le lendemain, même absence. Au bout de quelques lapins du même genre, le patient finissait par avouer :

— J'ai bien réfléchi. Je crois que je suis trop vieux pour ce genre de chose.

Ce n'est pas là une attitude condamnable. L'âge aidant, nous nous sentons parfois trop las pour entreprendre des aventures nouvelles. Et puis, les médecins ont leur part de responsabilité dans tout cela. Selon beaucoup d'entre eux, et même parmi les plus éminents, la maladie ne peut avoir qu'une seule cause : physique ou psychique. Impossible pour eux d'imaginer qu'elle puisse être, comme un arbre, née de plusieurs racines.

Pourtant, quand on y regarde bien, on s'aperçoit que les causes du mal sont multiples. Une maladie est presque toujours d'origine somatico-psycho-socio-spirituelle. À l'exception, bien sûr, des maladies congénitales. Mais, même pour elles, la volonté de vivre peut aider à des rémissions importantes.

Hélas, le contraire est tout aussi vrai. Lorsque je travaillais dans l'armée américaine à Okinawa, au Japon, je fus amené à traiter une jeune femme de dix-neuf ans. Elle était enceinte et souffrait de vomissements excessifs. J'appris qu'elle avait vécu toute son enfance dans l'Est des États-Unis et qu'elle était attachée à sa mère de manière pathologique. Les crises de vomissements avaient commencé quand, à dix-sept ans, elle fut envoyée chez son oncle sur la côte Ouest. Elle en souffrait tellement qu'elle avait été renvoyée chez sa mère. Les crises avaient cessé alors comme par miracle. Elle avait retrouvé la santé. Puis elle était tombée enceinte d'un soldat qui l'avait épousée et emmenée dans sa nouvelle garnison, au Japon. A peine descendue de l'avion, les symptômes avaient repris de plus belle. Elle s'était retrouvée à l'hôpital.

J'avais la possibilité, si l'état de mes malades l'exigeait, de les renvoyer aux États-Unis. Dans son cas, je savais que, si elle repartait chez sa mère, les vomissements cesseraient, mais qu'il n'y aurait plus de guérison possible : elle ne pourrait plus quitter sa maison. Croyant bien faire, je tentai de lui expliquer qu'il fallait qu'elle devienne adulte, qu'elle apprenne à vivre loin du cadre familial. Et je refusai de la renvoyer là-bas. Apparemment, cela lui fit du bien. Elle rentra chez elle. Pour peu de temps. Les vomissement reprirent. Elle fut réadmise à l'hôpital immédiatement. Mais moi, je restai sur mes positions. Deux jours après, elle était morte. L'autopsie ne permit pas de déceler les causes du décès. Elle avait dix-neuf ans et était enceinte de quatre mois. J'étais désespéré. Peut-être n'aurais-je pas dû refuser son rapatriement. Mais comment pouvais-je savoir qu'à un moment donné, pour une raison inconnue, elle avait décidé de rester une enfant ? Je n'avais pas réussi à la hisser vers l'âge adulte. Alors, au lieu d'assumer sa responsabilité, elle était morte.

Troubles somatiques, troubles psychosomatiques

Lorsque j'étais étudiant en médecine, schizophrénie, maladies maniaco-dépressives, alcoolisme étaient qualifiés de troubles fonctionnels. Fonctionnel... le mot avait bon dos. Il permettait d'imaginer qu'un jour des chercheurs découvriraient que ces maladies étaient dues à je-ne-sais quel subtil défaut neuro-anatomique. Nous restions pourtant intimement persuadés qu'elles avaient des origines psychologiques. D'ailleurs, nous les avions cernées.

Cependant, ces trente dernières années nous ont appris que ces troubles, et bien d'autres, ont des racines biologiques profondes. D'où l'intérêt actuel des psychiatres pour la biochimie. Un intérêt qui risque de leur faire oublier la vieille sagesse de la psychologie, dont un grand nombre d'éléments sont encore tout à fait d'actualité. Ainsi, la schizophrénie n'est pas seulement somatique. Elle va également puiser ses sources dans le psychisme, le spirituel, le social. Des causes multiples, donc. Alors, pourquoi le cancer n'aurait-il pas, lui aussi, des causes multiples, autant somatiques que psychosomatiques ?

Dans notre vocabulaire, ce qu'on appelle « le langage des organes » traduit bien les origines psychosomatiques de nos maux. Et ce depuis des siècles. Ne dit-on pas : « Scott Peck me tape sur les nerfs », « J'ai l'estomac noué », etc. ? Des gens se présentent parfois dans les hôpitaux pour se faire soigner d'une terrible douleur dans la poitrine parce quelque chose ou quelqu'un leur a, disent-ils, « brisé le cœur ». Cette douleur psychologique peut se révéler parfois une *authentique* crise cardiaque.

J'ai souffert quant à moi de graves problèmes de dos, une spondylose, pour tout dire, surtout au niveau des cervicales. Le haut de ma colonne vertébrale, selon mes radios, est celle d'un centenaire. Les médecins m'ont d'abord demandé si je ne m'étais pas cassé le cou dans ma jeunesse. Ce n'était pas le cas. Ils ont alors avoué leur ignorance sur l'origine de mon mal. Jusqu'au jour où, fou de douleur et avec un bras paralysé, j'ai dû subir de graves et longues interventions chirurgicales. Je me suis alors posé la question : « Est-ce que par hasard mon inconscient ne jouerait pas un rôle dans cette maladie ? »

Oui, j'étais en partie responsable de ma douleur. Presque toute ma vie, je suis resté un peu en marge de ma profession, mais j'ai toujours évité de provoquer chez mes confrères une hostilité quelconque. Est-ce pour cela que j'ai toujours vécu voûté, un peu comme un joueur de rugby s'apprêtant à rentrer dans la mêlée ? Est-ce que

« j'ai courbé l'échine[1] » et « rentré la tête dans les épaules » devant les obstacles ?

Bien sûr, c'est plus compliqué que cela. Mes parents et mon frère ont aussi, mais à un degré moindre, souffert de spondylose. Et pourtant ils n'avaient pas du tout la même attitude que moi face à la vie. Il y a donc chez moi un élément biologique, qu'il soit génétique ou héréditaire. Si « je fais le dos rond », ce n'est pas seulement pour des questions psychosomatiques. De toute manière, les causes de toutes les maladies sont multiples.

Rien de nouveau dans tout cela. On a tellement écrit sur les relations entre le corps et l'esprit. On sait que la part du psychisme dans les maladies est importante. Mais pas au point de culpabiliser au moindre rhume. Ce qui ne doit pas nous empêcher de nous demander sincèrement, quand nous souffrons d'une maladie sérieuse ou chronique, si le psychisme ne joue pas un rôle dans son développement.

Reste qu'il faut être indulgent avec soi-même. La vie nous offre tant d'occasions de stress. D'ailleurs, tôt ou tard, nous devons mourir. Quelle que soit l'origine de la maladie qui nous emportera, psychosomatique ou autre.

J'insiste encore un peu mais je tiens à rappeler qu'un cancer incurable n'est pas forcément d'origine psychosomatique, que ses causes sont essentiellement biologiques. De même que le crash d'un avion n'est pas un suicide collectif ! Et pas un des six millions de Juifs morts dans la Shoah n'a voulu cette abomination.

A contrario, si nous ne considérons la mort que

---

1. Pour signifier le manque de courage, les Américains utilisent un grand nombre d'images concernant le dos, le cou et la colonne vertébrale. *(N.d.T.)*

comme un accident, une catastrophe, nous oublions une grande partie de sa réalité, du mystère qu'elle renferme.

Comprendre la mort

Pendant longtemps, la mort a été le domaine réservé des prêtres. Les médecins, eux, ne devaient s'intéresser qu'à la vie. Mais, peu à peu, la science a commencé à avoir une autre vision du problème. Ainsi, la publication du livre du Dr Elisabeth Kübler-Ross, *Les Derniers Instants de la vie*, a fait l'effet, en son temps, d'une véritable bombe, une révolution. Elle avait osé entreprendre une enquête auprès des agonisants, leur demandant leurs sentiments, leurs impressions à propos de leur mort prochaine. À peine dix ans après, on donnait des cours de thanatologie, on étudiait l'approche de la mort à travers tous les États-Unis. On finit même par créer les « hospices [1] ». Elisabeth Kübler-Ross avait fait exploser les barrages.

Elle suscita ainsi d'autres livres sur le sujet. Je pense surtout à *La Vie après la mort* de Raymond Moody et à *Ce qu'ils ont vu... au seuil de la mort* de Karlis Osis et Erlandur Haraldsson. Dans ces ouvrages, sont rassemblés les témoignages de gens qui ont été en état de mort imminente et qui décrivent l'instant précis où ils ont failli basculer de l'autre côté. Leur récit fait preuve d'une étonnante unanimité. D'abord, ils se souviennent d'avoir vu d'en haut, comme s'ils étaient collés au plafond, leur propre corps, en bas, étendu sur le lit. Ils ont distingué avec précision, toujours sous le même angle, ce que fai-

---

1. Hospices : hôpitaux américains spécialisés dans l'accompagnement psychologique et médical des mourants. *(N.d.T.)*

saient médecins et infirmières. Ensuite, seul moment effrayant de l'expérience, ils sont entrés dans un tunnel sombre, l'ont traversé rapidement. À sa sortie, ils se sont retrouvés devant une intense lumière. Certains l'appellent Dieu, d'autres Jésus. Cet être de lumière leur a alors demandé de se remémorer toute leur vie. Et, en la racontant, cette vie leur semblait bien confuse. Mais l'être rayonnait d'amour et d'indulgence ; il leur a demandé de repartir. Eux, ils auraient voulu rester, mais ils finissaient par obéir à cette lumière et à revenir parmi nous.

Selon Moody, les gens qui ont vécu cette expérience n'étaient pas forcément portés vers la spiritualité. Ce n'est qu'à leur retour qu'ils ont fini par croire à la vie après la mort. Et depuis, ils n'ont plus peur.

Ce qui prouve que, plus on approche la mort, moins elle nous terrifie. Certains pourront objecter que, même si cela est vrai, cette conscience que notre existence a un terme ne donne pas pour autant un sens à notre vie éphémère.

Que signifie la vie ? En se posant cette question, en cherchant les réponses, on est peut-être déjà sur la bonne voie. Si nous étions sur terre pour chercher quelque chose ? Et si la mort n'était au bout que pour nous stimuler dans cette recherche ?

Depuis le temps que je me débats avec le mystère de la mort, depuis le temps que je cherche un sens à la vie, j'ai fini par trouver une réponse. Une réponse toute simple : *Nous sommes sur terre pour apprendre.* Tous les événements, heureux ou malheureux, qui nous arrivent font partie de cet apprentissage. Mais c'est la mort qui est la matière principale, qui nous en apprend le plus.

Et la vie, notre vie, nous offre l'environnement idéal pour apprendre. Même quand elle me propose des obstacles difficiles à surmonter, dans mes moments les plus sombres, je la vois comme une sorte de camp d'entraînement, un parcours du combattant semé d'embûches diaboliquement disposées pour favoriser notre apprentissage.

Cet apprentissage, comme toute forme d'enseignement, est bien plus profitable quand on sait qu'il s'arrêtera un jour, qu'il y a des échéances.

Quand je pratiquais la thérapie de groupe, j'utilisais souvent une méthode particulièrement efficace : si je voyais que les membres d'un groupe flemmardaient un peu, persuadés qu'ils avaient tout le temps devant eux, je leur annonçais :

— Il ne vous reste plus que six mois. Après, je dissous le groupe.

C'est fou ce que les personnes restées passives jusqu'alors s'activaient et intervenaient.

Dans une psychothérapie individuelle, l'échéance à donner au patient est tout autre. La conclusion de la relation forte qui existait avec son thérapeute survient quand ce dernier aborde enfin le sujet de fond et demande au malade de travailler dessus. Ce sujet, c'est l'angoisse de la mort que le patient a l'occasion, pour l'unique fois de sa vie, de dépasser.

Du refus à l'acceptation

Elisabeth Kübler-Ross a observé que les malades se sachant condamnés passaient par plusieurs stades, toujours à peu près dans le même ordre : le refus, la colère, le marchandage, la dépression, l'acceptation.

À la première étape, ils nient la réalité. Ils imaginent, par exemple, que le laboratoire s'est trompé de dossier, qu'il s'agit de quelqu'un d'autre. Mais il faut bien se rendre à l'évidence. Alors, le malade devient furieux, il s'en prend au médecin, aux infirmières, à Dieu lui-même.

Après cette étape de la colère, qui n'apporte que des tourments, il tente de négocier avec Dieu. Il retourne à la messe. S'il prie, s'il fait de bonnes actions, peut-être que le cancer disparaîtra, sa santé s'améliorera. Mais rien ne se passe. Il sait qu'il va mourir. Et la dépression arrive.

Ce stade de la dépression, il faut le « travailler », comme disent les psychiatres. Alors seulement on peut dépasser cette épreuve, vaincre l'abattement et entrer dans la cinquième phase, celle de l'acceptation. L'acceptation, c'est l'apaisement, la tranquillité spirituelle. Les personnes qui ont accepté leur mort rayonnent d'une grande lumière. C'est comme s'ils avaient déjà ressuscité, au sens psycho-spirituel du terme.

Hélas, les malades atteignent rarement cette étape. Le « travail de la dépression » est tellement pénible qu'ils préfèrent souvent se replier dans le refus, la colère ou le marchandage.

Mais cette démarche ne concerne pas seulement l'approche de la mort. J'ai constaté avec fascination qu'à chaque moment important de notre évolution psychologique et spirituelle, à chaque pas de géant que nous faisons dans le désert, nous en passons par le refus, la colère, le marchandage, la dépression et l'acceptation.

Des amis, un jour, décident de me critiquer, de mettre le doigt sur de graves défauts de ma personnalité. Je commence par leur dire :

— Vous êtes d'une humeur de chien aujourd'hui. Vous avez des problèmes financiers ou quoi ?

Voilà pour le refus. Mais ils n'en restent pas là et

continuent leurs observations. Cela m'énerve quelque peu :

— De quoi vous mêlez-vous, à la fin ? Vous n'êtes pas dans ma peau. Occupez-vous de vos affaires !

Voilà pour la colère. Mais ce sont de vrais amis. Ils estiment que, pour mon bien, ils doivent poursuivre. Comment les arrêter ?

— Parlons d'autre chose. On ne va pas se fâcher pour si peu. Alors, il paraît que ça marche bien pour vous en ce moment ? Et les enfants ?

Me voilà tout sourire, à les caresser dans le sens du poil. Si ce n'est pas du marchandage, cela ! Mais je ne m'en tirerai pas par de basses flatteries. Ils s'obstinent, ils me mettent en face des réalités. S'ils avaient raison ? Si je n'étais pas aussi parfait que je me l'imagine ? Si j'avais vraiment commis une bêtise ? Oui, c'est vrai, c'est ma faute. Je n'aurais pas dû... Quelle constatation déprimante !

Il me faut alors identifier le problème, le cerner, l'analyser pour mieux l'éliminer et m'améliorer. C'est cela, accomplir « le travail de dépression ». Et si je sors vainqueur de cette épreuve, je serai un homme nouveau, ressuscité. Un homme meilleur.

Apprendre à mourir

Déjà, dans *Le Chemin le moins fréquenté*, j'avais cité cette phrase de Sénèque : « Tout au long de la vie, il faut continuer à apprendre à vivre et, ce qui vous étonnera encore plus, c'est que, tout au long de la vie, il faut apprendre à mourir. »

Ces deux apprentissages sont indissociables. Pour apprendre à vivre, nous devons accepter notre propre mort qui nous rappelle toujours les limites de notre existence. Quand enfin nous serons devenus conscients de la brièveté de notre passage sur terre, nous pourrons pleinement utiliser le peu de temps qui nous échoit.

Don Juan, le vieil Indien du Mexique, le maître spirituel de Carlos Castaneda que ce dernier évoque dans ses livres, parlait de la mort comme d'une alliée. Un allié, selon le sage yaqui, c'est une redoutable puissance qu'il faut combattre avant de l'apprivoiser. En ce sens, oui, la mort est notre alliée. Nous devons nous mesurer à elle, combattre le mystère qu'elle renferme. Et quand, enfin, nous l'avons apprivoisée, posons-la, comme Don Juan, sur notre épaule, pour mieux écouter, jour après jour, les conseils qu'elle nous délivre.

La pensée occidentale n'est pas habituée à considérer la mort comme une alliée, comme une amie. En revanche, les hindouistes et les bouddhistes l'acceptent mieux que nous. En effet, la croyance en la réincarnation implique que le seul but, la seule récompense, c'est la mort. Et, selon eux, tant que nous ne saurons pas ce que nous sommes venus apprendre sur terre, nous nous réincarnerons. Quand enfin nous saurons, nous pourrons mourir et entrer dans l'éternité.

Il ne s'agit pas ici de souscrire forcément à la croyance en la réincarnation. Mais on s'aperçoit que cette théorie, elle aussi, montre que le but de la vie est l'apprentissage. Bouddhistes et hindouistes auraient-ils moins peur de la mort que les Occidentaux ?

Pas forcément. Il est tout à fait *normal* d'avoir peur de la mort. Mourir, c'est s'aventurer dans l'inconnu. Et il est très sain, du moins jusqu'à un certain point, de craindre l'inconnu. Ce qui est malsain, en revanche, c'est de faire comme si cet inconnu n'existait pas.

J'ai des amis athées qui me disent souvent que la reli-

63

gion est une béquille pour les personnes âgées, effrayées par la mort qui s'approche dans son halo de mystère. Certes, la religion est une arme dans le combat qui nous oppose à ce mystère. Mais pas une béquille. Les athées prétendent en somme qu'il est plus courageux d'affronter une vie sans signification, où Dieu n'existe pas, où il n'y a pas de vie après la mort. Mais le refus de la religion, l'athéisme, n'est-il pas une manière de minimiser l'importance de la mort, de lui tourner le dos en affirmant que tout se termine par un simple arrêt du cœur ? Ainsi, ils esquivent le problème, se refusent à approcher la mort de trop près et à la regarder en profondeur.

Ce n'est pas du tout le cas des gens qui se tournent vers la religion. En le faisant, ils acceptent l'importance de la mort. Voilà une attitude courageuse.

Bien sûr, ne soyons pas naïfs. La plupart des gens qui se rendent à l'église ne sont guère plus enclins à démêler le mystère de la mort que le plus farouche des athées. Le plus souvent, les paroissiens pratiquent une religion de façade, parce que ça se fait, et que c'est une tradition familiale.

Mais nous ne pouvons pas avoir de relations avec Dieu à travers nos parents. On dit souvent que Dieu n'a pas de petits-enfants. Il faut établir un lien direct avec Lui. Personne, ni prêtre, ni gourou, ni père ni mère ne peuvent se débattre à notre place avec le mystère de la mort. Il est des étapes du voyage spirituel de la vie qui doivent s'accomplir dans la solitude.

Et pourtant nombre de personnes pratiquant une religion fuient comme la peste toute réflexion sur ce sujet. La plupart des obédiences chrétiennes elles-mêmes préfèrent évoquer la Résurrection plutôt que la Crucifixion. En descendant ainsi Jésus de sa croix, on se masque la face, on refuse de voir son sang, ses plaies, sa mort. Cela nous rappelle trop la nôtre.

Narcissisme et peur de la mort

Mais pourquoi sommes-nous pris si souvent de terreur face à l'échéance inéluctable ?

D'abord parce que l'être humain s'aime lui-même. Cet amour de soi, ce narcissisme, est un phénomène extrêmement complexe. Il s'agit d'une constituante psychologique de notre instinct de survie. Et, comme tel, le narcissisme nous est nécessaire. Mais, une fois l'enfance passée, et si elle n'est pas contrôlée, cette attitude devient autodestructrice, principal signe annonciateur d'une maladie psychospirituelle. Quand, progressivement, on abandonne ce narcissisme, cet amour de soi, c'est la preuve d'une vie spirituelle saine. L'échec de cette évolution se révèle extrêmement destructeur.

Tout au long de notre existence, nous subissons tant d'offenses à notre fierté, tant de blessures d'amour-propre ! Notre petit camarade de classe nous traite d'idiot, notre entraîneur de foot nous laisse sur la touche, les collègues de bureau nous humilient, notre employeur nous licencie, nos enfants nous rejettent... Que faire contre cela ? S'aigrir ou évoluer ?

La mort, elle, est la plus grande menace qui guette l'attachement que nous avons à nous-même, le narcissisme. Nous savons que l'amour que nous nous portons, notre vanité seront réduits à néant le jour de notre inévitable disparition. Il est normal alors que l'on redoute cette fin.

Il y a deux manières d'évacuer la peur. La première, la plus facile, est de la chasser de notre esprit, de ne plus y penser, de l'oublier. Méthode efficace quand on est jeune. Mais plus on la chasse, plus elle revient à la charge. Alors, tout devient rappel de la mort à venir : un enfant qui se marie, déjà ! un ami malade, une articulation qui craque... Et plus on repousse le moment de faire face à sa fin, plus le vieillissement se fait difficile.

Il est bien plus astucieux de regarder le plus tôt possible la mort en face, en évitant de se prendre pour un objet précieux. Certes, nous n'arrivons jamais à éliminer réellement notre narcissisme, mais plus nous combattons pour le vaincre, plus nous sommes capables de surmonter notre peur de la mort.

Alors, cette perspective devient un formidable stimulant dans l'évolution psychologique et spirituelle de ceux qui ont réussi à se débarrasser de ce carcan. « Je ne peux pas y échapper, se disent-ils. Quel intérêt aurais-je à conserver cet attachement à mon insignifiant ego ? »

Voyage difficile. Les tentacules de notre narcissisme sont subtils et se faufilent partout. Il faut les repousser sans cesse, chaque jour, toute sa vie. Moi, cela fait quarante ans que j'ai pris conscience de cet amour excessif que je portais à ma personne. Quarante ans que je le combats.

Voyage épuisant. Mais plus nous réussissons à faire diminuer notre égocentrisme, notre narcissisme, notre sentiment d'importance, plus notre peur de la mort, notre peur de la vie diminuent aussi. Nous n'avons plus besoin de nous protéger nous-même, nous sommes capables de détacher les yeux de notre petite personne, de voir les autres, enfin, de les aimer. Oui, nous sommes alors capables de donner de l'amour. Et l'ego s'estompe, nos pensées vont vers Dieu, nous commençons à éprouver une véritable joie, soutenue, profonde, jamais ressentie auparavant.

Apprenez à mourir, toutes les grandes religions le disent, toutes, elles nous répètent que le chemin qui nous éloigne de l'amour que nous portons à nous-même est celui qui donne un sens à notre vie. Pour les bouddhistes et les hindouistes, se détacher de soi est une nécessité, car, selon eux, le moi n'est qu'une illusion. Le Christ employait des termes similaires : « Qui veut sauver sa vie [c'est-à-dire s'attacher à soi-même, à son narcissisme] la perdra ; mais qui perdra sa vie à cause de moi la sauvera... »

4

Un océan de mystère

Il était une fois, dans un village de Russie, un brave vieux rabbin qui avait consacré toute sa vie à l'étude des écritures religieuses et spirituelles. Un matin, en fermant l'un de ses livres avant de se rendre à la synagogue, il fit la plus grande découverte de sa vie : il venait de comprendre que, malgré toute sa science, il ne savait rien. Tout heureux de cette révélation, il sort de chez lui, mais, en traversant la grand-place, un cosaque l'interpelle :

— Hé, le juif, où vas-tu comme ça ?

— Je ne sais pas, répond le rabbin.

Cette réplique met le cosaque dans une grande colère.

— Comment ça, tu ne sais pas ? Tu te fiches de moi ou quoi ? Tous les matins, tu traverses la place pour te rendre à la synagogue. Et tu essaies de me faire croire que tu ne sais pas où tu vas ? Allez, suis-moi, je vais t'apprendre à être poli, moi !

Il attrape le rabbin par le col et l'emmène en prison. Au moment d'être jeté au fond de la cellule, le vieil homme se retourne et dit :

— Vous voyez bien, monsieur le cosaque. je ne savais pas que je viendrais ici. On ne peut jamais savoir.

Depuis qu'on m'a raconté cette charmante histoire

hassidique, ce rabbin est devenu mon mentor, mon maître. Il avait raison. Personne ne sait. Nous vivons dans un univers profondément mystérieux. Thomas Edison disait : « Nous commençons à peine à comprendre à peu près un pour cent de ce qui est. »

Hélas, rares sont ceux qui ont conscience de leur ignorance. Nous sommes persuadés de savoir tellement de choses : comment nous rendre au bureau, comment fonctionne le moteur de notre voiture, que le soleil s'est levé ce matin, et qu'il se couchera ce soir avant de se relever demain matin. Qu'y a-t-il donc de si mystérieux ?

Quand j'étais étudiant en médecine, j'étais persuadé, moi aussi, que la science avait presque tout découvert. Et cela me désespérait. On connaissait toutes les grandes maladies, on les avait définies. Je ne serais donc jamais le Pasteur des générations futures, travaillant jour et nuit dans mon humble laboratoire pour découvrir le médicament capable de soigner l'humanité souffrante.

Naturellement, quelques éléments encore nous échappaient. Mais les grandes découvertes, j'en étais sûr, étaient terminées. Pendant toute la durée de mes études, j'ai posé nombre de questions à mes professeurs. Ils me donnaient toujours la réponse. Pas un ne m'a dit : « Je ne sais pas. » Je ne comprenais pas toujours leurs doctes explications, mais je pensais que c'était ma faute, que je n'étais pas assez malin et qu'avec un cerveau aussi limité que le mien, je ne ferais jamais la moindre découverte médicale.

Pourtant, une dizaine d'années après, je l'ai faite, ma grande découverte. C'était la même que celle du vieux rabbin : en médecine, nous ne savons pas grand-chose. J'ai appris cela, non pas en énumérant la liste de ce que nous savons, mais au contraire en essayant d'établir celle de ce que nous ne savons pas. J'ai alors vu s'ouvrir devant moi des horizons que je croyais bouchés pour toujours et qui, maintenant, me laissaient entrevoir des mondes inconnus. Ce jour-là, j'ai compris que nous vivons dans un monde qui reste à explorer.

Prenons un exemple : la méningite cérébro-spinale à méningocoque est une maladie assez rare, mais bien connue et qui touche à peu près une personne sur cinquante mille chaque année. Si on demande à un médecin la cause de cette maladie, il répondra : « Ça provient du méningocoque. » Tout à fait exact. Quand on pratique l'autopsie sur quelqu'un qui vient d'en mourir, on s'aperçoit que les membranes enrobant le cerveau, les méninges, sont couvertes de pus. C'est dans ce pus qu'on trouvera le méningocoque [1].

Seulement il y a un problème. S'il me prenait la fantaisie de faire des prélèvements dans la gorge de tous les habitants de ma ville, je découvrirais ce germe dans 90% des cas. Et pourtant, depuis des générations, personne, parmi mes quelques milliers de concitoyens, n'est mort de cette méningite.

Alors, pourquoi ce microbe, cette bactérie, peut-elle vivre dans le corps de l'immense majorité des gens sans leur faire le moindre mal et qu'elle n'arrive dans le cerveau que d'une personne sur cinquante mille, souvent quelqu'un de jeune et de sain, pour devenir une infection fatale ?

On n'en sait rien !

Prenons une maladie bien plus fréquente : le cancer du poumon. Nous savons que le tabagisme le provoque très souvent. Mais il existe des personnes qui n'ont jamais touché une cigarette de leur vie et qui en meurent.

---

1. 50 % des cas décèdent, 25 % connaissent de graves séquelles (*N.d.A.*).

Mon grand-père, lui, c'était le contraire. Il a fumé comme un sapeur jusqu'à quatre-vingt-douze ans. Il y a donc d'autres causes que le tabac au cancer du poumon. Mais lesquelles ?

Nous n'en savons rien.

Cette ignorance se rencontre aussi dans le traitement des maladies. Quand je pratiquais la psychiatrie, je prescrivais à quelques malades certains médicaments. Ils me demandaient leur fonctionnement. Je leur expliquais que cela modifierait le taux des catécholamines. Ils se contentaient de cette cuistre explication. Mais on ne me posait pas la question de savoir comment une substance chimique peut remonter le moral à un déprimé et éclaircir les idées d'un schizophrène. D'ailleurs, ma réponse aurait été la même :

— Nous ne savons pas.

Je pense avoir assez insisté : les médecins ne savent pas grand-chose. Certes, la médecine est aussi un art, avec son côté aléatoire. En revanche, pour les sciences exactes, la physique par exemple, on croit avoir énoncé toutes ses lois.

La physique moderne a réellement commencé avec Newton, découvreur de la gravitation universelle et rédacteur de la formule mathématique qui la définit. Petit rappel scolaire : deux corps s'attirent avec une force directement proportionnelle au produit de leurs masses et inversement proportionnelle au carré de la distance qui les sépare. Tout le monde a bien compris ? Des questions ?

— Oui, m'sieur ! Pourquoi ces deux corps s'attirent-ils ? Pourquoi cette force existe-t-elle ? En quoi consiste-t-elle exactement ?

— Nous ne savons pas.

La formule mathématique de Newton se contente de

décrire le phénomène. Mais nous ignorons quelles sont ses origines, pourquoi il existe, comment il fonctionne. Pour schématiser, à notre époque de haute technologie, nous ne savons même pas ce qui nous garde les pieds sur terre !

— Reste les mathématiques, dira-t-on... Voilà des vérités premières. Par exemple, on sait que deux parallèles ne se rencontrent jamais.

Je le croyais aussi. Jusqu'au jour où j'ai entendu parler de la géométrie de Bernhard Riemann. C'était un mathématicien du milieu du siècle dernier qui s'était posé cette question sacrilège : « Et si, malgré tout, deux parallèles se rencontraient quand même quelque part ? » En bidouillant un peu le théorème d'Euclide, il donna naissance à une géométrie nouvelle. Simple jeu de l'esprit ? Exercice intellectuel gratuit ? Peut-être... En tout cas, la géométrie de Riemann a pu permettre une bonne partie des découvertes d'Einstein, y compris l'invention de la bombe atomique. Et ça, on sait que ça fonctionne...

Il paraît, m'ont dit des amis mathématiciens, que le nombre des géométries potentielles est infini. Depuis Riemann, on en a déjà inventé six autres. Avec Euclide, si je compte bien, ça fait huit. Laquelle est la bonne ?

Nous n'en savons rien.

La paresse et la peur

Si les sciences exactes n'ont découvert que peu de chose, les sciences humaines, elles, en sont encore au Moyen Âge. Comme les alchimistes qui ne connaissaient que quatre éléments, l'eau, la terre, le feu et l'air, les psychologues sont tout aussi ignorants de l'âme humaine. De combien d'éléments, par exemple, se constitue la sexualité ? Dans les différences entre hommes et femmes, outre les aspects physiques évidents, quelles sont celles qui sont d'ordre biologique et celles d'ordre culturel ou social ? Nous ne pouvons pas le dire.

Autre trait essentiel du caractère humain, la curiosité. Est-elle innée ou s'acquiert-elle en grandissant, et selon l'environnement ? Nous est-elle inculquée de force, peut-elle nous être ôtée ? Là encore, nous ne sommes pas près d'élaborer un corpus scientifique de cette curiosité qui, pourtant, est le moteur même qui nous entraîne vers le mystère.

Tout cela n'empêche pas les êtres humains, qui en savent si peu, d'être persuadés de tout comprendre, ou presque. C'est tellement rassurant de vivre avec l'illusion de notre omniscience. Et ça serait terrorisant pour la plupart d'entre nous si nous comprenions que nous ne sommes que des petits enfants qui marchent dans le noir, sans savoir où nous allons ni pourquoi nous marchons.

Il n'y a pas que la peur qui nous entretienne dans cette illusion. Il y a aussi la paresse. Si nous prenions conscience de notre immense ignorance, nous nous sentirions obligés de nous lancer dans un long et pénible apprentissage. Il est plus confortable de se réfugier dans l'illusion du savoir.

Car il s'agit bien d'une illusion. Dans *Le Chemin le moins fréquenté*, j'avais défini la santé mentale comme une quête perpétuelle de la vérité, à tout prix. Malgré l'inconfort et les désagréments de la réalité. dans une civilisation qui refuse la souffrance, la santé mentale n'est pas vraiment encouragée. Quand quelqu'un subit un échec amoureux, on le plaint, en disant qu'il voit enfin les choses telles qu'elles sont réellement. Tout se passe comme si être confronté à la réalité était profondément négatif.

Pourtant, quand un patient en psychothérapie reconnaît, non sans douleur, qu'il a été maltraité dans son enfance, il ne faut surtout pas verser de larmes sur son sort : l'acceptation de cette réalité, et les souffrances qui l'accompagnent, sont en fin de compte positives, elles le mènent à la guérison mentale.

Il y a bien sûr des exceptions. Ce que les psychologues appellent « les saines illusions ». Par exemple, un médecin frappé d'une crise cardiaque a plus de risques de mourir en salle d'opération qu'un malade ordinaire, car il connaît le danger, il sait ce qui va se passer. Tandis que le profane pense qu'une telle opération, c'est de la routine. Illusion salutaire, en l'occurrence.

Mais, en règle générale, il est bon de perdre ses illusions. Plus nous nous adaptons à la réalité, mieux nous nous débrouillons dans la vie. Et la réalité, c'est que tout notre savoir est une coque de noix dansant sur un océan de mystère. Gare à ceux qui ont le mal de mer ! Quant aux autres, ceux qui se passionnent pour le mystère, qui aiment s'y plonger, y nager, le savourer, le boire à la régalade, ils connaîtront dans leur vie des moments formidables.

Curiosité ou apathie

Quand les premières neiges commencent à tomber, tout le monde se précipite à la fenêtre pour contempler le spectacle et le commenter joyeusement. Pas dans un hôpital psychiatrique. La plupart du temps, les malades restent à leur place et poursuivent leurs mornes occupations. Ils n'ont aucun désir d'aller au-devant du mystère de la neige.

Ce qui me frappe le plus quand je visite ce genre

d'endroit, ce ne sont pas les manifestions spectaculaires de la folie, comme la colère ou la dépression, mais plutôt l'apathie qui y règne. L'une des caractéristiques des gens les moins équilibrés, les moins mûrs, c'est leur manque d'intérêt pour le mystère, leur manque de curiosité.

Autre symptôme de la maladie mentale, la volonté de certains de vouloir toujours et tout le temps trouver une explication à l'inexplicable, quitte à bâtir de toutes pièces des systèmes incohérents. Un jour, j'ai reçu une lettre de huit pages d'un père qui m'annonçait que son fils était atteint d'une grave maladie. Le texte, assez bien structuré dans les premières lignes, dérapait peu à peu jusqu'au paragraphe suivant :

« Comme vous le savez, docteur Peck, nous avons tous un double quelque part dans l'Éther et qui nous accompagne. Il est évident qu'un facteur d'ionisation s'est produit entre le corps physique de mon fils et son double éthérique. Vous avez donc compris que sa maladie provient de ce facteur d'ionisation. »

Non, je n'avais pas compris cela ! Je connaissais vaguement cette théorie ésotérique qui vaut ce qu'elle vaut et que d'aucuns professent. Mais nous n'avons pas le moindre soupçon de preuve de sa réalité. Mon correspondant trouvait sans doute une manière de réconfort à assener comme une vérité première cette explication biscornue de la maladie de son fils. Sa certitude était une illusion qui lui évitait d'affronter le mystère.

La curiosité, le goût du mystère sont, en revanche, une grande preuve de santé mentale. Quelqu'un de très sain s'intéressera à tout, du rayon laser à la poésie, des mantes religieuses à l'astronomie. Mais ces gens-là sont rares. La plupart des êtres humains restent à mi-chemin entre la folie et la raison, entre l'apathie et la curiosité.

Notre goût du mystère, s'il ne dort pas tout à fait, somnole en permanence.

Lorsque j'exerçais encore la psychothérapie, j'expliquais à mes patients qu'ils m'avaient embauché comme guide de leur espace intérieur. Non pas parce que je connaissais déjà l'itinéraire, mais grâce à mes quelques connaissances en matière de navigation. En psychothérapie, l'espace intérieur de chaque individu est unique, le voyage est chaque fois différent. C'est pourquoi cela me passionne.

Pour visiter son espace intérieur, il faut être explorateur. Il faut aimer le mystère. Dans la tête de Christophe Colomb, le mystère, c'était l'Ouest. Pour les astronomes, l'infini du cosmos. Pour les patients, ce devrait être leur propre mystère. Quand, au cours de la thérapie, sa curiosité s'éveille à propos de sa tendre enfance, quand il a envie de se rappeler des souvenirs oubliés, d'examiner l'influence de certains événements sur sa vie, d'explorer son tempérament, son héritage génétique, d'analyser sa culture, de comprendre la signification de ses rêves, alors, la thérapie peut aller très loin. Au contraire, si le psychiatre ne parvient pas à éveiller la curiosité du patient pour son espace intérieur, c'est un échec.

J'ai employé à dessein le terme « éveiller » le goût du patient pour le mystère. Je pense en effet, bien qu'il n'y ait pas de preuves scientifiques, que ce goût peut être développé, comme le goût de l'alcool, par exemple. À cette différence que plus on consomme du mystère, plus il y en a. De surcroît, ce n'est pas taxé ! Et puis, quelle que soit la quantité de mystère ingérée, on n'est jamais ivre. C'est bien la seule dépendance que je recommanderais !

Mystère et voyage spirituel

La santé mentale, c'est apprendre à vivre dans le monde de la réalité. Le voyage spirituel a le même objectif, puisqu'il est une quête de la signification réelle de la vie, une recherche du Dieu véritable.

Les gens s'intéressent à la religion pour des raisons diverses et parfois diamétralement opposées. Certains y viennent pour tenter d'approcher le mystère de Dieu, d'autres pour lui échapper.

Je ne fais pas là une critique de ces derniers, car, à un moment donné de son développement spirituel, on a besoin de croire en des principes clairs et précis sur lesquels fonder sa nouvelle vie. En revanche, une personne spirituellement mûre ne se raccroche plus aux dogmes ; elle préfère l'exploration. La foi absolue n'existe pas. Sa réalité, tout comme Dieu lui-même, ne peut être qu'approchée.

Dans notre tentative pour comprendre la réalité, nous sommes un peu comme un homme qui essaie de comprendre le mécanisme d'une montre fermée. Il voit le cadran et les aiguilles qui bougent, il entend le tictac, mais il ne peut absolument pas l'ouvrir. S'il est ingénieux, il réalisera peut-être le dessin d'un mécanisme pouvant être à l'origine de ce qu'il observe, mais il n'aura jamais la certitude que son dessin est le seul capable d'expliquer ses observations. Il ne sera jamais en mesure de comparer son dessin avec le véritable mécanisme, et il ne peut même pas imaginer qu'une telle comparaison ait un sens.

Ces mots sont ceux d'un des plus grands découvreurs de notre temps, Albert Einstein. Et ce génie affirme pourtant que, si nous pouvons émettre des théories sur ce que nous observons, nous ne sommes jamais en mesure de savoir si elles sont exactes. Nous ne pouvons qu'approcher de la réalité.

Certains croyants finissent par s'imaginer que Dieu n'a plus de secret pour eux. Ils croient maîtriser parfaitement le sujet. Mais on ne peut pas envelopper la réalité de Dieu dans un petit paquet à déposer dans un coffre-fort. Il ne nous appartient pas. Au contraire, c'est Lui notre propriétaire.

Tout homme sain doit se mettre en quête de la vérité, à la manière d'un savant, et peut-être mieux que lui. Car parfois on se tourne vers la science pour échapper au mystère. Ainsi, il existe des scientifiques qui consacrent leur vie entière à une spécialité très précise et n'en sortent pas. En voici un qui se passionne pour les tissus de la prostate de pigeon, c'est son petit domaine, il a tout lu sur le sujet, il a tout expérimenté. Lancez-le là-dessus, il est incollable. Mais essayez de lui faire aborder d'autres thèmes, le voilà perdu et, vite, il reviendra à son petit univers bien borné, bien sécurisant. La quête de la vérité, ce n'est pas se réfugier dans un petit coin tranquille, c'est s'aventurer dans l'inconnu.

Mes patients se plaignaient parfois :

— Docteur, je suis vraiment perdu, tout est si confus en moi.

— Eh bien, tant mieux, leur répondais-je, tant mieux ! c'est formidable ! cela veut dire que vous êtes béni !

— Je vous jure, docteur, que ma situation est très désagréable à vivre.

J'insistais :

— Vous connaissez les premiers mots du sermon de Jésus : « Bienheureux les pauvres d'esprit. » Sur le plan intellectuel, « pauvre d'esprit » veut dire « confus, embrouillé ». Mais ce trouble, cette confusion incitent à réfléchir pour tenter d'y mettre de l'ordre. Et c'est une réflexion très enrichissante. Voilà pourquoi je vous dis que vous êtes béni, « bienheureux ».

On sait aujourd'hui que la terre tourne autour du soleil. Mais il a fallu plus d'un siècle pour que l'humanité accepte la découverte de Copernic. Ce fut une longue période de confusion et de tâtonnements. Il faut en passer par là pour qu'un vieux concept meure et laisse la place à une nouvelle et meilleure idée.

Ces périodes de tâtonnement sont inconfortables, voire douloureuses. Et pourtant ce sont des moments bénis car, malgré le sentiment de désarroi qui les accompagne, nous sommes en quête de solutions meilleures. Nous nous ouvrons à l'inconnu, nous évoluons. Ce ne sont pas les gens troublés, les « pauvres d'esprit » qui font le mal, ce sont ceux qui sont sûrs de détenir la vérité, sûrs de savoir ce qu'ils font.

Dans *Le Chemin le moins fréquenté*, j'ai écrit que la voie de la sagesse passait par une remise en question systématique. Cherchez et vous trouverez quelques éléments de la vérité ; vous pourrez même commencer à les assembler. Certes, jamais vous ne pourrez terminer le puzzle, mais, grâce à ces quelques pièces, vous aurez un aperçu de l'ensemble, un ensemble magnifique.

Tant de mystères autour de nous, tant de questions sans réponse. S'il est vrai que nous sommes, comme je le disais plus haut, des enfants qui marchent dans le noir, comment se fait-il que nous survivions quand même ? Aurais-je tort, et Einstein avec moi ? En saurions-nous plus que je ne l'affirme ? Suffisamment en tout cas pour assurer notre protection ? Ou bien, et c'est ce que je crois, serions-nous *protégés* par une puissance supérieure ? Je ne sais ni comment ni pourquoi elle nous protège. Mais je connais le protecteur : Dieu.

J'ai sur mon bureau sept statuettes représentant des anges dans diverses postures. Quand je m'interroge sur le fonctionnement de cette protection divine, sur les mécanismes de cette grâce, je les contemple. Comment Dieu fait-il pour comptabiliser jusqu'au moindre cheveu de chaque être humain ? Il est vrai qu'en ce qui me concerne, Sa tâche devient de moins en moins ardue ! Mais pour arriver à cette omniprésence, cette omniprotection, je ne peux L'imaginer qu'à la tête d'une immenses armée d'anges. Et je crois que certains de ces anges viennent parmi nous sous des formes humaines.

Dans son charmant recueil de nouvelles *Nightlights : Bedtime Stories for Parents in the Dark*, Phyllis Theroux raconte qu'une personne qui passait un concours administratif devait répondre à un questionnaire destiné à éliminer les farfelus ou les malades mentaux. Une des questions était :

— Pensez-vous que vous êtes un envoyé de Dieu ?

La candidate hésita un moment, en pensant à tous les bienfaits que sa réponse pourrait apporter dans la fonction publique. Finalement, l'ange, car c'en était un, préféra la discrétion et répondit « non »...

Oui, je crois qu'il y a autour de nous, et pas forcément dans l'administration, des agents de Dieu qui nous protègent quand nous trébuchons dans le noir, au cours de notre mystérieux voyage. Je me souviens de cette prière écossaise d'un anonyme du XVIIᵉ siècle :

> *De toutes les goules et fantômes,*
> *Des bêtes à grandes pattes,*
> *Et des choses qui font du bruit dans la nuit*
> *Que le Seigneur nous délivre !*

Qu'on me permette de paraphraser cette prière en l'adoptant à notre fin de siècle :

De toutes les goules de nos sentiments incompris et de nos hostilités inexpliquées

Des fantômes de nos idées usées auxquelles nous nous accrochons, et de l'illusion de notre sagesse et de notre compétence,

Des bêtes à grandes pattes de notre ignorance, de nos préjugés et de notre suffisance,

Et de toutes ces choses que nous ne connaissons pas assez pour les craindre et qui existent dans la nuit mystérieuse au-delà de notre vision limitée

Que le Seigneur nous délivre, vous, moi, et l'humanité tout entière, encore dans sa tendre enfance.

DEUXIÈME PARTIE

LA CONNAISSANCE DE SOI

5

Amour de soi, amour-propre

La véritable connaissance de soi commence par l'humilité. Une idée fondamentale que, déjà, avait énoncée un moine du XIVe siècle dans son livre *Le Nuage d'ignorance*. Et il est essentiel de bien la comprendre quand on se lance sur le chemin de la connaissance de soi.

L'humilité, la vraie, est toujours *réaliste*. Si j'affirmais partout que je suis le plus mauvais des conférenciers, ce serait de la fausse modestie, de la « pseudo-humilité ». En revanche si je me flattais d'être un excellent golfeur, ce serait le comble de la suffisance !

Arriver à se voir tel qu'on est, avec réalisme donc, reconnaître ses défauts et ses qualités est une démarche très ardue. Par ailleurs, on a tendance à mélanger les notions qui s'opposent à celle d'humilité. Est-ce l'amour de soi ou l'amour-propre ? En fait, faute d'un vocabulaire adéquat, on a tendance à les confondre. Disons, dans un premier temps et pour schématiser, que l'amour de soi est plutôt une bonne chose, l'amour-propre étant une attitude plus discutable. C'est dans la pratique de mon métier de psychotérapeute que j'ai eu l'occasion de faire la différence entre les deux.

Ainsi pour l'amour de soi. Lorsque j'étais psychiatre

aux armées, l'état-major me demanda une étude pour déterminer les raisons de la réussite des individus les plus brillants. Furent alors sélectionnés une douzaine d'hommes et de femmes entre trente-cinq et quarante-cinq ans. Ils avaient tous accompli un parcours militaire remarquable, montés en grade plus tôt et plus vite que leurs condisciples, ils étaient aimés de leurs subalternes, et menaient une vie de famille harmonieuse. Bref, tout leur avait réussi. Ils furent donc l'objet d'observations approfondies, en groupe ou individuellement.

À un moment donné, on leur demanda de noter sur un bout de papier quelles étaient pour eux, dans la vie, et par ordre de priorité, les trois choses les plus importantes. Naturellement, ils ne devaient pas communiquer leurs réponses à leurs collègues.

Ce qui frappa d'abord les observateurs, c'est le sérieux avec lequel nos douze cobayes répondirent à cette question : le plus rapide mit quarante minutes avant de rendre son papier. Les autres réfléchirent pendant plus d'une heure. Plus intéressant encore, si la deuxième et la troisième choses les plus importantes n'étaient pas les mêmes pour tous, en revanche, pour la première, les douze réponses étaient identiques : « Moi. » Pas l'amour, pas Dieu, pas la famille. « Moi. »

Il ne faut pas voir dans cette réponse unanime un symptôme d'égocentrisme ou de simple égoïsme. Ces gens avaient fait la preuve, dans leur vie, qu'ils étaient des époux aimants, des parents attentifs, des supérieurs à l'écoute des autres. Ce « Moi » se traduit plutôt par un vrai respect de soi-même, un grand sens des responsabilités, une volonté de bien se connaître. Si l'on ne s'aime pas soi-même, on ne peut pas aimer les autres. C'est cela l'amour de soi.

Quant à l'amour-propre... Un peu moins de dix ans

après cette expérience dans l'armée, j'ai eu l'occasion de connaître une personne qui faisait partie de ces « gens du mensonge » dont j'ai déjà parlé. Et j'ai pu lui poser la même question que jadis à mes officiers exemplaires :

— Quelle est pour vous la chose la plus importante ?

— Mon amour-propre, m'a-t-il répondu d'emblée.

Cet amour-propre, il était prêt à tout pour le défendre, et à n'importe quel prix. Si quelque chose ou quelqu'un menaçait cette autosatisfaction, en apportant une preuve, ou même un simple indice de son imperfection, il faisait disparaître l'indice, il dissimulait la preuve au lieu de les utiliser de manière positive, pour progresser. Et c'est à ce moment-là, comme tous « les gens du mensonge », qu'il devenait le plus malfaisant, car il était prêt à tout pour sauver la face.

L'amour de soi, ce n'est pas sauver la face : c'est croire qu'effectivement on est important. Mais l'amour-propre, lui, veut faire croire aux autres que l'on est parfait. Ce n'est pas du tout la même chose.

Comprendre cette distinction, la mettre en pratique, est indispensable pour une bonne connaissance de soi. Pour accéder à la générosité et à l'équilibre, il faut savoir, de temps en temps, mettre son amour-propre de côté. Il faut savoir ne pas être en permanence autosatisfait. Ce qui n'empêche pas au contraire, de s'aimer soi-même et d'avoir conscience de sa valeur.

Moments de crise, moments de grâce

Lorsque l'on vit avec le sentiment d'être parfait, on ne peut pas corriger ses défauts. En revanche, quand on sent qu'un changement personnel s'avère indispensable, on ressent une sorte de mal-être, un sentiment de culpabilité que j'appellerai « existentielle ». Il est indispensable car il constitue le mécanisme qui nous permet de nous corriger.

Quand on vient consulter un psychothérapeute, c'est que l'on est conscient que quelque chose ne va pas. On a compris que l'on n'était pas parfait. On a assez d'humilité pour demander du secours, pour chercher quelqu'un qui aidera à prendre le bon départ sur le chemin de la connaissance de soi.

Quand j'étais interne en psychiatrie dans l'armée américaine, je me disais que ce serait bien de passer moi aussi sur le divan. Je m'adressai donc à un professeur de l'hôpital dans lequel je travaillais. Il m'avait fait très bonne impression, et en plus, ce qui n'était pas négligeable à l'époque, il me prendrait gratuitement.

— Quelles sont les motivations qui vous amènent à vouloir faire une thérapie ? me demanda-t-il.

— Eh bien, répondis-je, outre les quelques petites angoisses dont je souffre, comme tout le monde, je pense que ce serait une expérience intéressante pour la suite de ma carrière. Et ça ferait très bien dans mon curriculum vitae.

— Désolé, mais je ne vous prends pas. Vous n'êtes pas encore mûr pour ça.

Je sortis furibard de son cabinet. Mais il avait tout à fait raison : à cette époque, je pensais que j'allais au mieux. Il m'a fallu un an, presque jour pour jour, avant d'être « mûr ».

Il se trouve qu'à cette période, je souffrais sans le savoir, disons, d'un problème d'autorité. Étudiant, puis salarié, j'étais toujours tombé, comme par hasard, sur un supérieur hiérarchique que je détestais, que je considérais comme un salaud, qu'il fût professeur, employeur ou officier. Et naturellement, je pensais que ce problème d'autorité venait de lui et non pas de moi.

À l'armée, ma bête noire n'était pas n'importe qui : le général commandant l'hôpital. Appelons-le Smith. Je le haïssais. En retour, il ne me portait pas spécialement dans son cœur, tant s'en faut. Question de vibrations, sans doute...

Ce matin-là, je m'étais levé du mauvais pied. En cours, pour la première fois, je devais présenter à mes confrères et à l'un de mes supérieurs le cas d'un patient.

Je leur fais écouter la bande où était enregistré l'entretien. À la fin, je dois subir une avalanche de critiques, sans aucun ménagement : entretien mal dirigé, maladroit, immature, et j'en passe... Je persiste pourtant à être content de moi, et à me persuader qu'il s'agit d'une épreuve habituelle que l'on fait subir à tout étudiant en psychiatrie. Ce n'est pas très agréable, mais puisqu'il faut en passer par là...

Après avoir subi cette avalanche de critiques, je rentre chez moi. J'ai un peu de temps libre et je décide d'aller chez le coiffeur. Je n'en ai guère besoin, mais je suis dans l'armée. Si ce maudit général Smith me cherchait encore des noises sur ma coupe de cheveux... Sur le chemin, je passe devant la poste. J'entre pour voir si j'ai du courrier. Oui, j'en ai : une splendide contravention obtenue deux mois plus tôt pour avoir brûlé un stop. Le plus embêtant, c'est que, dans l'armée, un double du PV est toujours envoyé à l'officier supérieur : le général Smith en l'occurrence.

Enfin, me voilà chez le coiffeur, de plus en plus mal dans ma peau. Le figaro en est à la moitié de ma coupe. La porte s'ouvre pour laisser entrer... le général Smith en personne ! Il s'assoit derrière moi pour attendre son tour. Mais, tandis que les ciseaux cliquettent à mes oreilles, une question me hante : dois-je saluer cette brute, dois-je filer comme si je ne l'avais pas vue ? C'est fini, je me lève, un petit coup de brosse sur le col. Je salue le général, et je sors de la boutique. Le coiffeur m'interpelle :

— Eh ! vous avez oublié de me payer !

Je rentre, tremblant, j'extrais de la monnaie de ma poche... Toutes les pièces dégringolent par terre, aux pieds du général. Me voilà à genoux devant mon ennemi et lui qui me regarde, hilare.

Je me suis retrouvé dans la rue, tremblant de tous mes membres, hors de moi, et je me suis dit :

— Il y a quelque chose qui ne va pas. Tu as besoin d'aide.

Dans l'heure qui suivit, j'étais à côté de mon téléphone à chercher dans l'annuaire l'adresse d'un psychothérapeute.

Depuis, quand on me demande quel est le meilleur moment pour commencer une thérapie, je réponds :

— Quand on est bloqué.

Et là, j'étais bloqué, au pied du mur. Les critiques de mes confrères, le PV, le coiffeur et le général, avaient été une avalanche de situations difficiles que j'appelle désormais « moment de rupture ». Dans mon cas, il était relativement modéré. D'ailleurs, il en a toujours été ainsi dans ma vie. Sans doute que Dieu sait que je ne supporterais pas une douleur trop intense.

Moment dur, mais moment fort. Après avoir enfin trouvé mon psychothérapeute, je décidai fermement de travailler sur moi-même. Malgré toutes les souffrances qui s'ensuivirent, ce fut le début d'une grande étape dans mon évolution, un grand pas dans le désert, vers ma guérison, mon salut.

On retrouve ce « moment de rupture » dans la liturgie

chrétienne, symbolisée par la communion, quand le prêtre brandit la grande hostie au-dessus de sa tête et la brise. Un rituel qui souligne, même si on l'ignore souvent, la volonté des paroissiens d'être eux-mêmes brisés. C'est dans ces moments-là que nous nous ouvrons, que nous réalisons nos plus grands pas en avant.

Les périodes de crise nous sont nécessaires. Nous prenons alors conscience que nous ne sommes pas parfaits ; que nous n'avons pas tout compris, tout réussi, que nous ne sommes pas irréprochables. Ces moments de culpabilité, de repentir, d'abandon de notre amour-propre sont essentiels à notre évolution.

Mais, tout en ayant conscience de sa propre imperfection, il faut, simultanément, avoir conscience de sa valeur, il faut s'aimer. Car c'est par le travail sur soi-même que l'on progresse, que l'on devient meilleur.

... et amour de Dieu

Il m'est arrivé de traiter un jeune patient de dix-sept ans, mineur émancipé, qui avait vécu une enfance atroce et s'était retrouvé livré à lui-même dès l'âge de quatorze ans. À la fin d'une de nos séances, je lui dis :

— Ton vrai problème, Jack, c'est que tu ne t'aimes pas, tu ne t'estimes pas.

Nous nous séparons, je prends ma voiture pour me rendre à New York. Je fais cent trente kilomètres au milieu d'une épouvantable tempête. Des trombes d'eau s'abattent sur l'autoroute. Je ne vois même pas le bas-côté. Malgré ma fatigue, je dois rester sans cesse sur le qui-vive. La moindre seconde d'inattention me ferait quitter la route. Et je me répète sans cesse :

— Ma voiture transporte un chargement très précieux qui doit absolument arriver à bon port.

Il y est arrivé. Trois jours après, de retour chez moi, je reçois le jeune homme qui ne s'aimait pas. Il me raconte qu'il a eu un accident, heureusement sans gravité. Il a emprunté la même route que moi, pour un trajet plus court, a essuyé la même tempête, et alors que lui était en pleine forme physique, il s'est retrouvé dans le bas-côté. Ça ne veut pas dire qu'il avait des tendances suicidaires ; encore que le manque d'amour de soi peut mener au suicide. Mais il n'avait pas su se dire qu'il transportait un matériel très précieux : lui-même.

Autre exemple. Après la parution du *Chemin le plus fréquenté*, une femme vint me voir afin de suivre une thérapie. Elle avait lu et suffisamment aimé mon livre pour faire six heures de trajet aller et retour de chez elle à mon cabinet. Ma nouvelle patiente, épouse d'un pasteur, était une chrétienne fort croyante. Pourtant, pendant un an, sa thérapie ne put avancer. Jusqu'au jour où elle entra en me disant :

— Vous savez, docteur, j'ai compris quelque chose tout à l'heure, sur la route : le plus important, c'est l'épanouissement de mon âme.

Elle commençait à s'aimer soi-même ! Elle avait enfin compris ! À partir de ce jour-là, elle fit des progrès fulgurants.

Mais il était quand même étonnant que cette femme qui allait à la messe depuis sa plus tendre enfance, qui avait lu et compris mon livre, qui sacrifiait autant de temps pour venir me voir, ait dû, malgré tout, attendre bien des années avant de savoir cela. Je pense que la plupart des chrétiens sont dans la même ignorance.

S'aimer soi-même, pourtant, c'est dans la Bible, dans les Évangiles. Il y a quelques années, je dirigeais une

92

retraite religieuse dans un grand centre catholique de Chicago. On me demanda de prononcer le sermon de la grand-messe finale. Et moi, inconscient que j'étais, j'acceptai. Je consultai la Bible pour savoir quelle était la lecture du jour. Ce dimanche-là, il s'agissait de la parabole des Vierges folles et des Vierges sages. Ça tombait mal. Je n'avais jamais aimé cette histoire. En fait, je ne l'avais pas comprise.

Dix jeunes vierges attendent l'arrivée de l'Époux — le Christ ou Dieu. Cinq d'entre elles, pensant qu'Il pourrait bien débarquer en pleine nuit, remplissent leur lampe d'huile afin de pouvoir aller à sa rencontre dans le noir. Les autres négligent ce détail. Et c'est vers minuit qu'on leur annonce l'arrivée de l'époux. Les cinq vierges sages allument donc leur lampe. Les vierges folles, elles, les supplient de leur prêter un peu d'huile pour aller, elles aussi, à Sa rencontre. Les autres refusent et s'en vont. Que va faire l'époux ? J'imaginais, moi, qu'il repousserait les vierges sages, en leur reprochant leur mesquinerie, leur refus de partager avec les autres. Tout au contraire, il les accueille à bras ouverts et pour l'éternité. Quant aux vierges folles, il les renvoie.

Comment bâtir mon sermon à partir de cette histoire ? Je trouvais la parabole totalement contraire aux principes de la religion chrétienne, religion du partage, s'il en est. J'ai enfin fini par comprendre que le Christ évoquait en fait le travail de préparation. Et qu'il tentait de nous expliquer qu'on ne peut pas partager la préparation. La seule façon d'aider les autres, c'est de leur dire de se préparer, d'entretenir sans cesse sa lampe, c'est-à-dire soi-même. Il faut convaincre autrui de sa propre valeur, de son importance aux yeux de Dieu.

Quand des amis discutent pour savoir quelle trace laissera dans l'Histoire ce metteur en scène ou ce peintre, j'interviens en disant :

— Nous laissons tous une empreinte dans l'Histoire.

Et cela leur semble incongru, prétentieux. Mais à moi aussi, il m'arrive parfois qu'une part de moi-même se considère comme moche, incapable. Je me sens alors dans l'état d'un adolescent désespéré par les boutons qu'il a sur le nez. Je me persuade que je ne suis pas digne d'être écouté par un congrès de scientifiques. Mais ce n'est pas là une manifestation d'humilité véritable. Au contraire, c'est malsain et irréaliste. Il faut alors que je travaille sur cette question, que j'abandonne cette impression, que je l'élimine afin d'être pardonné.

Rien ne nous éloigne plus de la santé mentale, rien ne nous éloigne plus de Dieu que le sentiment de n'avoir aucune importance, aucune valeur, d'être indigne d'amour.

Et puis, en nous croyant importants, en croyant que nous laissons notre empreinte, au même titre que le metteur en scène ou l'artiste, nous nous sentirions investis d'une responsabilité face à l'Histoire. Alors que nous préférons nous décharger de cela sur nos ministres ou nos députés. Pourtant, que ça nous plaise ou non, nous sommes tous importants, pour le meilleur et pour le pire, en toute conscience ou sans le savoir. « Si ce n'est vous, dit une expression populaire, alors qui est-ce ? Si ce n'est maintenant, alors, c'est quand ? »

Dieu, l'Époux, peut venir à n'importe quel moment du jour ou de la nuit. Il nous invite dans la chambre nuptiale.

Mais nous, les vierges folles, nous lui répondons :

— Je suis trop laide pour toi.

Dieu insiste, il répète qu'il nous aime, qu'il nous veut. Nous continuons à nous dérober, sous prétexte que nous sommes trop jeunes ou trop vieux, trop insignifiants, indignes de l'honneur qu'il nous fait.

Préparons-nous. Remplissons notre lampe à huile. Réapprenons que nous sommes importants, beaux, désirables. Et tentons, du mieux que nous pouvons, de convaincre les autres qu'eux aussi sont désirables, beaux, importants.

6

Mythologie et nature humaine

C'est un mythe, dit-on souvent dans la vie courante, pour signifier que telle ou telle chose est un mensonge, qu'elle n'a jamais existé. Or, au cours de ces soixante dernières années, grâce surtout à la psychiatrie et à la psychologie, en particulier à travers les travaux de Carl Jung et de Joseph Campbell, on a pu constater que tout mythe est un reflet de la réalité, présente ou passée.

Toutes les civilisations ont chacune leur mythologie. Pourtant, à travers les âges, malgré les différences de culture, malgré la diversité des versions de l'histoire racontée, ces mythes disent tous à peu près la même chose : ils expriment, sur le fond, de grandes vérités sur la nature humaine. Et ils nous aident à mieux la comprendre.

Histoire et légendes

Avant que la psychologie constate que les mythes recouvraient des vérités humaines, les archéologues, eux, ont découvert qu'ils avaient pour base la réalité historique.

Le premier d'entre eux, et le plus exemplaire, fut, au

XIXᵉ siècle, Heinrich Schliemann. Son père, un pasteur pauvre du nord de l'Allemagne, aimait à lui raconter l'histoire de l'*Iliade* et de l'*Odyssée*. Et, très jeune, Heinrich fut convaincu, contre son père, que la ville de Troie, détruite selon Homère par les Grecs, avait réellement existé. Obligé de gagner sa vie très tôt, d'abord dans une épicerie, il consacra ses rares loisirs à apprendre les langues anciennes et modernes, l'histoire antique, l'archéologie. Sa conviction que le mythe homérique de la guerre de Troie était une réalité historique devint inébranlable. En prenant d'immenses risques personnels, il se lança dans les affaires. Passé la trentaine, il avait réuni assez d'argent pour partir à la recherche de la cité mythique. Au bout de dix ans, il découvrit enfin, sur la côte ouest de la Turquie, les vestiges de Troie et le trésor du roi Priam. Par la suite, il fit d'autres découvertes, comme le tombeau d'Agamemnon à Mycènes qui confirmait que ces légendes vieilles de près de trois mille ans étaient fondées sur la réalité.

Schliemann avait ouvert la voie à l'archéologie moderne. Au début de notre siècle, un Américain du nom d'Edward Thomson entendit parler d'une étrange légende maya. Dans le Mexique précolombien, racontait-elle, les prêtres offraient au dieu de la pluie des jeunes vierges chargées de bijoux en les jetant dans un puits. Thomson décida de partir à la recherche de ce puits, malgré les mises en garde des spécialistes qui lui affirmaient que c'était un mythe. À Mexico, il entendit parler des ruines d'une cité maya appelée Chichén Itzá : « la bouche du puits ». Il acheta une plantation dans le voisinage et découvrit qu'il y avait effectivement deux puits sur le site, des « cenotes ». Il fit plonger dedans des hommes qui ne ramenèrent que de la boue. Pas la moindre once d'or. Cinq ans de recherches vaines, des fortunes dépensées, et rien. Tout le monde considérait maintenant Thomson comme un maniaque, un fou. Mais il s'obstinait et prit des cours de plongée sous-marine. Enfin, il descendit lui-même au fond. Alors, ce que son équipe de spécialistes n'avait pu trouver durant ces longues années, il le découvrit tout seul : des ossements, puis des bijoux, un véritable trésor archéologique ! Thomson avait retrouvé aussi fortune et dignité. La légende des vierges sacrifiées au dieu de la pluie était une réalité historique.

L'Atlandide elle-même a sans doute existé. J'ai pu le constater de mes yeux en visitant, lors d'un voyage d'agrément en Grèce, l'une des Cyclades, Santorin, une sorte d'immense volcan dont le cratère est rempli d'eau de mer. On avait découvert dans cette île les vestiges d'une civilisation remontant à l'Âge du bronze, très différente de ce que les archéologues avaient découvert jusque-là. En visitant les ruines de la cité engloutie, Akrotiri, je me suis convaincu que c'était bel et bien l'Atlandide que j'avais sous les yeux.

Contes et mythes

Mais toutes les légendes ne deviennent pas forcément des mythes. Ainsi, la découverte du puits maya de Chichén Itzá, même si elle est issue très directement de la réalité historique, ne peut guère nous apprendre de choses sur nous-mêmes. En revanche, dans l'*Iliade*, et dans de nombreux mythes grecs qui en sont issus, que d'enseignements sur la nature humaine !

Il ne s'agit pourtant pas de décréter que les contes de fées recouvrent systématiquement une vérité. L'histoire du père Noël ou de saint Nicolas n'existe que depuis une centaine d'années, et ne concerne qu'un cinquième de la population mondiale. C'est un conte. Ce ne sera jamais un mythe.

En revanche, s'il est une créature mythique et universelle, c'est bien le dragon. Les moines du Moyen Âge en enluminaient les manuscrits qu'ils copiaient. Ces dragons, on les retrouve dans d'autres civilisations et religions qui n'étaient pourtant pas, ou peu, en contact avec la Chrétienté : en Chine, au Japon, en Inde et dans l'Arabie musulmane. Le dragon, ce mythe universel, qu'a-t-il donc à nous apprendre ?

C'est tout simple, il symbolise l'être humain. Comme ces reptiles mythiques, nous rampons sur le sol, honteux, sournois, enlisés dans la fange de nos péchés, la boue de nos préjugés. Mais, comme les dragons, nous avons des ailes qui peuvent nous extraire de ce marécage et nous faire voler vers les cieux.

Si le dragon est le plus populaire des mythes, c'est parce qu'il est le plus simple d'entre eux. Ce qui ne veut pas dire simpliste, au contraire. Cet être mi-reptile, mi-oiseau, est aussi multidimensionnel et paradoxal que la nature humaine. Sa symbolique est facilement décodable, par n'importe qui. D'où son universalité.

Croire aux mythes ne constitue pas un danger. Tandis que croire aux contes de fées... Dans le conte, les personnages sont tout noir ou tout blanc. Exactement le contraire de la vie. Et pourtant, on aime les lire et les raconter car on voudrait tant, nous aussi, répondre à toutes les questions par oui ou par non. On voudrait tant que la nature humaine soit simple.

Par exemple, il arrive que des chrétiens me demandent ce que je pense de l'ordination de prêtres homosexuels. Pour ou contre ? Il m'est arrivé d'avoir des homosexuels pour patients. En général, leur enfance avait été très perturbée. Pour d'autres, j'en suis convaincu, l'origine est génétique, c'est-à-dire voulue par Dieu. En jugeant l'homosexualité toute blanche ou toute noire, nous oublions la subtilité de la création divine. Alors je me contente de répondre par une autre question :

— Peut-on ordonner les hétérosexuels ?

Tout dépend de l'individu, voilà tout.

Oreste ou le mythe de la responsabilité

Dans *Le Chemin le moins fréquenté*, j'ai déjà évoqué la légende d'Oreste, fils de Clytemnestre et du roi des rois grecs, Agamemnon. Pendant que son mari guerroyait sous les murs de Troie, la reine prit un amant, Egisthe. Et, au retour du vainqueur, ils l'assassinèrent. Le jeune Oreste se devait donc de venger son père. Pour cela, il lui fallait commettre un matricide, terrible péché, selon les Grecs anciens. Aussi terrible que de ne pas venger son père. Oreste tua les deux amants. Les dieux lui envoyèrent alors les Erinyes, trois divinités infernales qui le poursuivaient en permanence, hurlant à ses oreilles, jusqu'à le rendre fou. Il erra ainsi de longues années, cherchant en vain à expier son crime, et toujours harcelé par ces furies. Un jour qu'il suppliait l'Olympe de mettre fin à son supplice, les Dieux l'entendirent et tinrent un tribunal. Apollon, qui représentait la défense de l'accusé, souligna la responsabilité divine : le jeune homme n'avait pas eu le choix, il ne devait donc pas être condamné. Oreste se tourna alors vers son avocat et dit :

— C'est *moi* qui ai tué ma mère, pas les dieux.

Jamais auparavant un humain n'avait ainsi assumé ses actes. Zeus décida donc de le libérer de sa malédiction et les Erinyes, transformées en Euménides, « bienveillantes » l'accompagnèrent doucement en lui faisant entendre la voix de la sagesse.

Je ne connais pas de mythe qui symbolise aussi bien le passage de la maladie mentale à la guérison. Le prix à payer, pour cette métamorphose, c'est d'assumer la responsabilité de ses actes.

Icare ou le mythe de l'omnipotence

Autre mythe important, déjà exposé dans *La Route de l'espoir*, le mythe d'Icare. On connaît l'histoire : prisonnier du labyrinthe qu'ils avaient construit, Icare et son père se fabriquèrent des ailes avec des plumes et de la cire. Malgré les recommandations paternelles, Icare voulut s'approcher du soleil. La cire se mit à fondre, il chuta dans les eaux.

Il est fou, dit ce mythe, de vouloir assumer des pouvoirs divins. Le dieu Soleil vous punira. Mais cette histoire revêt pour moi une autre signification : on ne peut pas par sa seule volonté approcher de Dieu. Il faut attendre qu'il nous attire vers Lui. Gare à celui qui penserait le contraire. Souvent, quand on fait ses premiers pas dans son voyage spirituel, on pense pouvoir maîtriser sa propre évolution. Un week-end dans un monastère, des leçons de danse soufi, des cours de méditations zen, et le tour sera joué, on atteindra le Nirvana. Malheureusement, il n'en est rien. Ça ne marchera pas, si ce n'est pas Dieu qui nous guide. Ceux qui croient arriver seuls au bout du chemin subiront le sort d'Icare, ils s'y brûleront les ailes.

Il est impossible de planifier son évolution spirituelle. Je ne veux pas discréditer les ateliers de rencontre religieux, ou les autres formes de quête personnelle qui peuvent se révéler très utiles. Mais la règle est de faire ce vers quoi on se sent appelé et de se laisser surprendre par des forces qu'on ne peut contrôler. Car l'une des choses les plus importantes à apprendre, durant ce voyage, c'est l'abandon.

Les mythes dans la Bible

Doit-on traiter la Bible comme un recueil de légendes, ou au contraire comme une vérité absolue ? Doit-on se conformer strictement aux règles qu'elle énonce ou considérer tout cela comme quelque chose de dépassé, sans rapport avec notre vie quotidienne ? Une femme m'a dit un jour qu'elle a pu enfin lire la Bible quand elle a compris que c'était un livre plein de paradoxes.

Effectivement, recueil d'histoires souvent contradictoires, le Livre est à lui tout seul un paradoxe. Ce savant mélange de légendes et de faits historiques, parfois d'une grande précision, parfois très flous, ces énumérations de règles et de lois dont les unes restent d'une profonde actualité et dont les autres sont tombées en désuétude, est un alliage précieux de mythes et de métaphores.

Il paraît qu'un jour un jeune homme s'est éborgné volontairement sous prétexte que Jésus avait dit : « Si ton œil te gêne, arrache-le. » La responsabilité de ce geste aberrant n'incombe évidemment pas aux paroles du Christ, mais à la manière dont le jeune homme avait interprété la métaphore qui signifiait simplement que, quand quelque chose entrave votre évolution spirituelle, votre santé mentale, il faut s'en débarrasser soi-même, et non se plaindre en restant inactif.

Les fondamentalistes, en affirmant que les textes sacrés sont exclusivement la parole de Dieu, transcrite avec une fidélité absolue, se trompent. De plus, en les interprétant au pied de la lettre, ils en appauvrissent considérablement le sens.

Or, tout y est métaphores, mythes qui s'offrent à une infinité d'interprétations, souvent contradictoires. Et c'est bien là son immense richesse, c'est bien là que la Bible est la parole de Dieu.

Le mythe du bien et du mal

Les mythes sont comme les rêves : ils peuvent contenir plusieurs significations différentes, ce que Freud appelait la condensation, un principe tout à fait applicable à la Genèse. Nous avons déjà évoqué, au début de ce livre, le mythe d'Adam et Ève dans le jardin d'Eden. On peut trouver dans cette histoire extraordinaire une bonne douzaine de vérités, aussi riches les unes que les autres en enseignements sur la nature humaine.

D'abord, quitte à mettre en rage les fondamentalistes, il y est question d'évolution. Le troisième chapitre raconte comment l'Homme est devenu conscient, et cette conscience, nous l'avons vu plus haut, a entraîné cette sorte de timidité, de gêne qui nous prend en comprenant que nous sommes désormais séparés de la nature. Nous ressentons alors ce besoin d'évoluer vers une conscience toujours plus grande. Mais le jardin d'Eden est aussi la découverte du bien et du mal.

En effet, on nous y parle aussi de la capacité de choisir. Avant d'avoir goûté au fruit de la connaissance du bien et du mal — nous n'avions aucune possibilité de choix. Pas de libre arbitre jusqu'au moment où nous sommes arrivés à la conscience, où nous nous sommes trouvés face à l'alternative entre la vérité et le mensonge.

Le mal ne peut exister que s'il y a un choix possible et quand Dieu nous a accordé le libre arbitre, il a permis en même temps l'entrée du Mal dans le monde.

Le tout début de la Genèse, la Création, est aussi un mythe qui évoque l'évolution et le Bien et le Mal. L'évolution d'abord : Dieu crée le firmament, puis la terre, puis les eaux, puis les plantes, puis les animaux. Selon les géologues et les paléontologues, l'univers s'est très exactement formé dans cet ordre, même si, pour les scientifiques, sept jours, c'est un peu court !

Pour ce qui est de la symbolique du bien et du mal dans la Genèse I, rappelons-nous que Dieu créa la lumière et constata qu'elle était *bonne*. Puis la terre, et il a vu que c'était *bien*. Et ainsi de suite. Ce qui signifie, du moins j'en suis intimement convaincu, que la créativité est directement liée à l'envie de faire le Bien. A l'inverse, le Mal est destructeur. Le choix entre le Bien et le Mal, entre la création et la destruction nous appartient, Dieu nous les a donnés. Nous devons donc accepter cette responsabilité et ses conséquences.

Le mythe du héros

Dans son livre *Les héros sont éternels*, Joseph Campbell a beaucoup fait progresser la recherche sur les mythes et leur signification, notamment, sur ce qu'il appelle « la naissance du héros ». Comme toujours, on en rencontre de nombreuses versions selon les cultures, mais la trame reste la même. Le héros — un garçon, toujours, mais nous arriverons peut-être à changer cela — est issu de l'union d'un dieu, souvent le soleil, et d'une déesse, la lune. Le garçon en question consacre sa vie à essayer de triompher d'un grand nombre d'épreuves, de bouleversements et de souffrances.

Prenons l'exemple d'une légende récurrente : dans un royaume imaginaire, la vie des habitants est perturbée par la présence d'un dragon. Le roi annonce qu'il offrira la main de sa fille à celui qui débarrassera le pays de ce monstre. Les plus valeureux chevaliers s'y essaient. En vain. Jusqu'au jour où survient un humble paysan qui réussit à trouver le point faible du dragon et le tue. Même s'il est de très basse extraction, le jeune homme épousera la princesse.

Voilà le type même du héros : il réussit là où les autres ont échoué, il sait, lui, résoudre les problèmes. Mais cette définition n'explique pas tout le mythe. D'où vient cette intelligence qui lui a permis de trouver le point faible du monstre ? La légende nous le révèle parfois en disant que cet humble berger est en fait le fils d'un dieu et d'une déesse, du soleil et de la lune. Il est donc un « vrai » héros. La signification de ce mythe s'éclaire alors d'une nouvelle symbolique : on nous parle ici de la masculinité et de la féminité. Non seulement à cause du dieu et de la déesse, mais encore à travers la fin heureuse de cette histoire et l'union du héros et de la princesse.

Que ce soit dans les légendes ou dans la réalité, l'être humain a toujours été fasciné par la dichotomie mâle/femelle. Même les scientifiques, aujourd'hui, se sont aperçus que les deux parties de notre cerveau avaient chacune un « sexe » différent. La partie gauche, siège de la raison, de la connaissance rationnelle, détient la masculinité. La partie droite, l'intuition, la sensibilité, bref la féminité. Ces deux parties ressemblent la première au dieu soleil qui possède la lumière de la raison et la seconde à la lune, au rêve et au royaume de la nuit.

Fruit de leur union, le héros est androgyne. Un autre mythe, encore...

Si on en arrive à cette conclusion, la morale de l'histoire du berger et du dragon est la suivante : apprenons à utiliser notre féminité et notre masculinité, notre cerveau gauche et notre cerveau droit. Soyons à la fois comme le soleil et comme la lune. En fait, la plupart des humains apprennent en grandissant à n'utiliser qu'une de ces deux parties, à favoriser un pôle aux dépens de l'autre. Rarement, nous tentons de résoudre en héros les problèmes de la vie, c'est-à-dire en utilisant simultanément notre masculinité et notre féminité.

Cette fusion demande de gros efforts, les mêmes que le héros dans sa quête. Le monde nous pose beaucoup de questions, nous impose beaucoup d'épreuves. Et il a besoin d'autant de héros que d'épreuves, autant de solutions que de questions.

Loth et Abraham

Dieu nous a donné le libre arbitre, et la Bible, Sa parole. Il nous laisse le choix entre de multiples interprétations du Livre.

On connaît bien sûr l'histoire de la femme de Loth. Dieu autorisa ce patriarche, son épouse et ses deux filles à quitter Sodome et Gomorrhe avant qu'Il ne les détruise. Une seule condition, en fuyant, ne pas regarder en arrière. La femme de Loth, curieuse, désobéit, se retourna et fut changée en statue de sel.

D'abord une interprétation intégriste : quand nous désobéissons à Jehovah, nous devons subir une punition terrible. C'est un peu court, quand même. L'explication scientiste l'est tout autant. Il est vrai que, dans la région de la mer Morte où l'action est supposée se passer, on trouve effectivement de bizarres formations salines. Très intéressant ! Et après ? Ce phénomène géologique local suffit-il à expliquer la fascination que nous portons à cette histoire ?

Moi, en tout cas, ça me laisse sur ma faim. Il faut d'abord se demander pourquoi Dieu ne voulait pas que Loth et les siens se retournent. La curiosité ne semble pas, a priori, un crime bien grave...

J'ai rencontré, dans mon travail, nombre de gens consacrant leur vie à se souvenir de leur passé, à regarder en arrière, figés dans la nostalgie, incapables de progresser, véritables statues de sel. L'histoire de la femme de Loth en dit très long sur la nature humaine...

J'ai eu une grande chance dans ma vie en recevant une éducation presque totalement privée d'enseignement religieux. Je dis « presque », car je suis allé une seule fois au catéchisme. Mon frère avait douze ans, moi huit. Je ne sais ce qui a décidé mes parents à prendre cette décision. Mais qu'importe, ce dont je me souviens, c'est que le professeur nous a demandé de colorier un dessin du sacrifice d'Isaac par son père Abraham. Je devais déjà être un peu psychiatre sans le savoir car j'ai trouvé, sur le moment, que Dieu était fou de demander à Abraham de tuer son fils. Et qu'Abraham était encore plus fou d'accepter. Quant à Isaac, le pauvre, je le revois encore, en train d'attendre, béat, que papa veuille bien lui couper la gorge !

Du coup, mon frère refusa de retourner au catéchisme. Je l'ai suivi. Ainsi s'arrêta mon éducation religieuse. Aujourd'hui encore, je doute que l'histoire d'Abraham et d'Isaac soit bénéfique à un enfant de huit ans. À cet âge-là, si on se fonde sur les théories des étapes de développement de Piaget, on a tendance à tout prendre au pied de la lettre. Les facultés d'interprétation ne sont pas encore développées.

À l'approche de la soixantaine, en revanche, je peux me permettre d'en chercher la signification. Le sacrifice d'Abraham, selon moi, s'adresse à tous ceux qui ont des enfants dans l'adolescence, et même un peu plus âgés. Nous devons nous préparer à les voir partir, voilà ce que nous dit le mythe. Ils nous ont été confiés, mais pas pour toujours. Tenter de les retenir à tout prix leur fera du mal. Et à nous aussi. Dieu nous a fait don de nos enfants. Un jour, il doit les reprendre, nous devons les lui confier. Alors, ils ne nous appartiennent plus et redeviennent les enfants de Dieu.

7

Spiritualité et nature humaine

Il arrive parfois que des gens me demandent de répondre en une phrase aux questions les plus délicates :

— Qu'est-ce c'est, docteur, la nature humaine ?

Et, moi, comme j'ai été bien élevé, je me sens obligé de répondre :

— La nature humaine, c'est faire ses besoins dans sa culotte.

Ça paraît un peu bizarre, mais pourtant c'est vrai. Chacun d'entre nous a commencé sa vie comme ça, en faisant ce qui est naturel au moment où l'envie s'en fait sentir. Et puis, vers l'âge de deux ans, notre mère nous a fait comprendre qu'elle serait contente si nous étions « propres ». Cette requête commence par paraître absurde à l'enfant. Il est bien plus logique de se soulager quand on en a envie. De plus, le résultat de cette envie est fort intéressant. On peut jouer avec, c'est chaque fois différent. Pourquoi alors agir *contre nature*, serrer les fesses et se précipiter jusqu'à son pot sans pouvoir profiter du produit en question ?

Les psychiatres insistent souvent sur ce sujet d'apparence anecdotique, car il est très révélateur de la qualité des relations qui s'instaurent entre la mère et l'enfant. En effet, si elles sont bonnes, si la mère fait preuve de beaucoup de patience, évite de se montrer trop autoritaire, trop exigeante, elle arrivera à ses fins. L'enfant finira par se dire :

— Elle s'occupe bien de moi, ces derniers temps, j'aimerais lui témoigner ma reconnaissance. Quel cadeau lui offrir, du haut de mes deux ans ? Tâchons donc d'être propre, si ça lui fait tant plaisir...

Il va donc aller contre sa nature et il finira par y arriver. Curieusement, et la chose est merveilleuse, quelques années plus tard, vers cinq ou six ans, dans un moment de stress ou de fatigue, l'enfant va « s'oublier ». Il se sentira alors extrêmement mal à l'aise, car maintenant c'est le fait d'aller aux toilettes qui lui semble naturel, et non le contraire. En si peu de temps, et par amour pour sa mère, il a changé sa nature.

Nature humaine et instinct

— Tout de même, docteur, c'est un peu léger comme explication...

Le fond de ma pensée est en fait que la nature humaine n'existe pas. Je crois même que c'est le principal titre de gloire de l'humanité. Ce qui distingue les humains des autres créatures, ce n'est pas la forme du pouce ou du larynx, qui donnent le geste et la parole, ce n'est pas non plus notre cortex très développé. Non, ce qui fait de nous des êtres à part, c'est notre total manque d'instinct, notre absence de comportements préétablis, programmés, héréditaires. Nous sommes privés de ce qui permet aux autres créatures d'avoir une nature parfaitement définie.

J'habite sur les rives d'un grand lac. Tous les ans, en mars, au moment du dégel un vol de goélands y fait escale avant de repartir vers le sud au mois de décembre, près de Florence, Alabama pour être précis. On sait maintenant que les oiseaux migrateurs se repèrent aux étoiles. Ils possèdent la capacité héréditaire de se diriger vers l'endroit exact où, depuis la nuit des temps, ils doivent se rendre. Mais ils n'ont absolument aucune liberté d'hiberner ailleurs. Florence, Alabama. Point final.

En revanche, lors des vacances d'hiver, et selon nos moyens, nous pouvons choisir entre se dorer au soleil des Bahamas, explorer le Grand Nord, ou faire du ski dans le Colorado. Cette incroyable liberté d'agir contre nature est la caractéristique la plus remarquable de ce qu'il faut bien continuer d'appeler la nature humaine.

J'aime beaucoup, à ce propos, ce petit conte extrait de *Sword in the Stone*, de T.H. White : Au tout début du monde, toutes les espèces vivant sur cette terre avaient l'aspect d'un embryon informe. Dieu les réunit et leur annonça qu'il allait exaucer trois de leurs souhaits, les trois choses qu'ils désiraient le plus.

Le premier embryon s'approche et dit :

— Je voudrais avoir un corps bien souple pour pouvoir nager, car j'adore l'eau. Deuxième souhait : pouvoir respirer sous la mer. Le troisième enfin : un système incorporé qui me permette de supporter toutes les températures de l'eau.

Dieu lui dit :

— Tu seras un poisson.

Un autre embryon demande à être pourvu de membres en formes de pelle pour se construire un petit chez-soi tranquille sous la terre, des dents pointues pour croquer l'herbe, un bon manteau de fourrure pour l'hiver. Ce fut la marmotte. Tous les embryons passent ainsi en revue devant le créateur. Il n'en reste plus qu'un qui n'ose s'approcher, tout timide. Dieu lui demande ses trois souhaits, mais l'embryon bredouille :

— Je vais vous paraître très impertinent, excusez-moi, mais pourriez-vous m'accorder cette faveur de rester ce que je suis, un petit embryon. Éventuellement, plus tard, si je deviens assez intelligent pour savoir quels sont mes trois souhaits, je reviendrai vous les demander. Mais si vous voulez que je devienne quelque chose de précis, dites-moi ce qui serait le mieux pour moi et je vous obéirai.

Dieu sourit et dit :

— Toi, tu seras un *humain*. Comme tu as choisi de rester un embryon sans défense, toutes les autres créatures seront en ton pouvoir.

Nous avons, en général, oublié notre état d'embryon. Comme la marmotte avec ses membres en forme de pelle, nous nous établissons dans des habitudes de vie et nous nous y figeons. Heureusement, pas tous. Dans ma jeunesse, en observant les adultes ayant atteint la cinquantaine ou la soixantaine, je pensais qu'il en était toujours ainsi : avec l'âge, supposais-je, les gens s'intéressent de moins en moins à la nouveauté, et finissent par se persuader que leurs idées, leurs opinions sur la vie et le monde sont les bonnes. Jusqu'à vingt ans, j'ai cru qu'il ne pouvait en être autrement.

Et puis, j'ai eu l'occasion, cet été-là, de passer mes vacances chez l'écrivain John Marquand. Il avait soixante-cinq ans à l'époque, ce qui me semblait très vieux. Or, cet homme âgé s'intéressait à tout, et même à moi, malgré ma jeunesse. Nous avions, jusque tard dans la nuit, des discussions animées. Parfois, j'arrivais à le faire changer d'avis. À la fin de l'été, j'ai pu remarquer qu'il modifiait son point de vue deux à trois fois par semaine. Au lieu d'avoir vieilli mentalement, cet homme avait rajeuni. Il était même plus souple, plus ouvert que bien des enfants et des adolescents. C'est de cette rencontre que j'ai compris que nous ne sommes pas obligés de vieillir intellectuellement. Pour le physique, bien sûr, la dégradation reste inexorable, nous finirons tous par mourir. Notre pensée, au contraire, possède une aptitude permanente à innover, à apprendre, à se rajeunir. Voilà une autre des caractéristiques de la nature humaine.

Les stades de l'évolution spirituelle

Dans le domaine de la spiritualité également, l'homme est capable de s'adapter, d'évoluer. Un professeur de théologie à l'Université d'Emory, en Georgie, James Fowler, explique même qu'il y a six stades d'évolution spirituelle. Il le démontre dans son ouvrage *Stages of Faith*, en se référant en particulier aux « théoriciens des stades », Piaget, Erickson ou Kohnberg.

Je n'ai pas l'intention de me livrer ici à une démonstration aussi érudite. Sur le fond, je dirai la même chose que lui, mais j'ai réduit le nombre des stades spirituels à quatre seulement. De plus, je me fonderai non sur les livres, mais sur mes expériences personnelles en la matière. En particulier, celles que je qualifie « d'incompréhensibles ».

À quinze ans, je m'intéressais plus aux filles qu'à la religion chrétienne. Pourtant, par curiosité, je décidai un jour de visiter les églises de mon quartier, pour assister aux offices et savoir ce qui s'y passait vraiment. Le prêtre de la plus proche paroisse de chez moi avait une grande renommée. Ses sermons étaient même retransmis sur les ondes à travers tout le pays. Malgré ma jeunesse, j'ai compris en l'écoutant qu'il était « bidon ». Je me rendis ensuite dans une autre église, dont le pasteur, de bonne réputation, était bien moins célèbre. Mais il était facile de comprendre, en l'écoutant, que c'était un saint homme, un véritable homme de Dieu.

Comment le premier, pourtant si célèbre, pouvait-il me sembler moins évolué que moi, gamin de quinze ans, dans le domaine spirituel ? Comment avais-je pu comprendre que le second était, lui, à des années-lumière, alors qu'il était de même confession que « la star du prêche » ? Mon pauvre petit crâne d'adolescent ne pouvait gérer ces informations. Ça me semblait inexplicable. J'ai préféré tourner le dos à l'église chrétienne. Ça a duré vingt-cinq ans.

La deuxième expérience se produisit bien plus tard, mais de façon beaucoup plus progressive. Cela faisait alors quelques années que je pratiquait la psychothérapie. Peu à peu, j'ai constaté un phénomène étrange. Ceux de mes patients qui étaient très croyants finissaient généralement par douter, certains devenaient sceptiques, quelques-uns même carrément athées. Au contraire, quand des athées ou des agnostiques s'investissaient dans une thérapie, ils évoluaient vers une croyance religieuse, ou du moins vers la spiritualité. Encore une expérience « incompréhensible ». Ces patients avaient le même psychiatre et les résultats étaient tous positifs. Positifs, mais divergents.

Jusqu'au jour où j'ai compris que nous ne sommes pas tous au même niveau spirituel : il existe différents stades. Avant de les énumérer, je voudrais prévenir le lecteur de garder une certaine prudence. Il faut considérer ces catégories avec souplesse et précaution : Dieu a tendance à intervenir dans tout cela et les êtres humains n'entrent pas toujours aussi bien que je le voudrais dans mes petits casiers psycho-spirituels.

Quatre stades donc.

Le stade un, au bas de l'échelle, je l'appellerai « chaotique/anti-social ». Il concerne environ deux personnes sur dix, dont les gens du mensonge. Tous ceux-là ne connaissent aucun scrupule, aucune spiritualité non plus. Ils feignent d'aimer les autres alors que, dans leurs relations, ils se montrent toujours manipulateurs. Leur seule motivation est de servir leur intérêt personnel, ouvertement ou de manière détournée. C'est pourquoi je les dis « anti-sociaux ». Et chaotiques ? Parce que ces gens-là, n'ayant aucun scrupule, laissent libre cours à leur volonté, une volonté indisciplinée qui les conduit à agir d'une certaine façon aujourd'hui et d'une autre radicalement inverse le lendemain. Une vie en proie au chaos. Les ennuis ne cessent de leur pleuvoir sur la tête : en voilà un qui traîne dans les rues, un autre dans un hôpital, un troisième en prison... Quelques-uns, pourtant, réussissent à mettre au service de leurs ambitions démesurées un semblant de discipline. Tout en restant au stade un, on peut très bien atteindre la gloire ou le pouvoir dont on avait toujours rêvé et devenir, pourquoi pas ? gourou d'une secte ou président de la République.

Puis, brusquement, certains d'entre eux se rendent compte que leur vie est complètement décousue. Une prise de conscience extrêmement douloureuse. La plupart du temps, ils surmontent la crise à toute vitesse. Mais si la souffrance persiste, ils en viennent parfois à se donner la mort. Ou ils passent au stade deux. Une conversion en général brutale et spectaculaire. C'est comme si Dieu tendait la main pour attraper certaines âmes et les arracher à leur milieu, pour les métamorphoser. Ils n'ont pas conscience de ce changement prodigieux. Le plus souvent, ils ne se rendent même pas compte qu'ils sont prêts à faire n'importe quoi pour sortir de leur désordre. N'importe quoi, c'est dans la plupart des cas se soumettre à une institution, et lui obéir en tout. C'est s'enfermer dans le stade deux.

Celui-là, je l'appelle le stade « formel/institutionnel ». Institutionnel parce que ceux qui l'atteignent veulent avant tout que leur vie soit régie strictement par une organisation structurée. Les psychiatres qui travaillent dans les prisons trouvent toujours un détenu volontaire pour organiser des thérapies de groupe. C'est un prisonnier modèle, plein de zèle avec ses gardiens, et qui échappe toujours au coup de couteau de ses camarades. Tellement exemplaire qu'on finit par le relâcher. Et, tout de suite, il replonge dans la délinquance, comme s'il n'avait qu'une hâte, revenir en prison, redevenir le citoyen modèle d'une institution qui organise sa vie.

Sans aller jusque derrière les barreaux, cette institution peut aussi être l'armée qui joue là un rôle très positif dans la société. On y trouve des tas de gens qui mèneraient dans le civil une vie décousue, mais qui sont soutenus ici par la discipline militaire et sa structure paternaliste, voire maternante.

Les personnes du stade deux se retrouvent le plus souvent parmi les pratiquants les plus fidèles, les plus assidus de telle ou telle religion. Là encore, rien n'est absolument net et clair. Cela mériterait bon nombre de nuances. Toutefois, on peut déceler certains comportements communs dans le domaine religieux. D'abord, ils sont très attachés aux formes que prend leur confession. Dès qu'on tente de changer les rituels, de modifier la liturgie, d'introduire de nouveaux chants, les voilà complètement perturbés. C'est pourquoi ce stade « institutionnel » est aussi « formel ».

Les troubles qui ont suivi les grandes réformes de Vatican II sont à ce titre très significatifs. Naturellement, il en est de même dans presque toutes les religions qui évoluent. En effet, si les gens du stade deux détestent que l'on touche, même légèrement, aux formes extérieures de leur religion, c'est parce que ces formes sont précisément la bouée de sauvetage à laquelle ils s'accrochent, dont ils dépendent entièrement pour sortir du chaos, du stade un.

Autre trait commun, ils n'arrivent jamais à comprendre, tout pratiquants qu'ils soient, que Dieu vit au fond de nous, que la divinité siège dans l'esprit humain. Ils Se le représentent comme un être extérieur, trônant là-haut, très loin. Et de sexe masculin en général. Ils savent qu'Il nous aime, mais ils Le voient surtout comme une sorte de flic géant, débonnaire, qui vit dans les cieux et nous punit ou nous récompense à la moindre occasion. Les gens du stade institutionnel/formel ont un besoin absolu de ce Dieu-là. Il les empêche de tomber, ou de retomber dans le stade un.

Supposons, ce qui est loin d'être absurde, que deux personnes du stade deux se marient. Situation très fréquente. Ils se fabriqueront le foyer le plus stable possible, élèveront leurs enfants avec dignité et considération, comme la religion le leur a dit. Bien que manifestant un amour convenu et dépourvu d'imagination, ils seront, l'un dans l'autre, de bons parents, grâce aux indications données par le dogme. L'enfant, aussi, est « bien », car élevé dans la stabilité et l'affection, la dignité et la considération. Vers l'adolescence, les principes inculqués sont bien ancrés en lui, bien intériorisés. Plus besoin de s'appuyer sur une institution. Le voilà indépendant, contrairement à ses parents. Il commence par rejeter ces institutions. Puis il doute ; du doute, il passe à l'agnosticisme, à l'athéisme peut-être, au grand désespoir de ses parents qui ne peuvent pas comprendre que leur enfant progresse en fait dans la spiritualité : il se dirige vers le stade trois : le stade « sceptique/individuel ».

Aussi paradoxal que ça puisse paraître, et même s'ils ont abandonné l'église, le temple, la mosquée ou la synagogue, les gens du stade trois sont spirituellement plus avancés que ceux du stade deux. *A fortiori*, ce ne sont absolument pas des êtres antisociaux comme ceux du stade un. Au contraire, on les voit le plus souvent très impliqués dans la société, s'activant dans des associations humanitaires ou de défense de la nature. Ce sont des parents attentionnés et affectueux.

Même si ce ne sont pas toujours des scientifiques de métier, ils se montrent curieux, inventifs, créatifs, en quête de la vérité. Ils vont même parfois très loin et avec beaucoup de sincérité dans cette recherche. Certains parviennent, selon une image qui m'est chère, à découvrir et à assembler suffisamment de morceaux de vérité pour avoir une idée d'ensemble du tableau. Ils constatent alors que c'est une œuvre magnifique, une œuvre qui, malgré tout, évoque par moments les mythes et les superstitions de leurs parents et grands-parents du stade deux. Alors seulement, ils se convertissent au stade quatre, le stade « mystique/communautaire ».

Le mot « mystique » est difficile à définir. Mal utilisé, mal compris, on lui donne aujourd'hui une connotation quelque peu péjorative. Je dirais, pour corriger cette impression, que les mystiques ont découvert une sorte de cohésion sous la surface des choses. Tout au long de l'Histoire, ils ont perçu les rapports entre hommes et femmes, entre les humains et les autres créatures, entre les vivants et ceux qui ne le sont plus. Après avoir constaté toutes ces interconnexions cachées, les mystiques de toutes les cultures et de toutes les religions se sont mis à parler en termes de communauté, d'unité. Mais aussi en termes de paradoxes.

Les mots *mystique* et *mystère* ont la même origine étymologique. Et les mystiques adorent les mystères. Ils aiment tenter de les élucider, tout en sachant qu'un mystère en cache toujours un autre, et que plus ils en dissipent, plus ils en rencontrent. Ce n'est pas du tout l'attitude de ceux du stade deux, mal à l'aise devant ce qui n'est pas clair et net.

Pourtant, les grandes religions semblent toutes s'adresser à la fois à ceux du stade deux et du stade quatre, comme si leurs enseignements pouvaient être interprétés à deux niveaux différents.

Prenons le psaume 111 : « Le principe de la sagesse, c'est de craindre le Seigneur. » Interprétation au stade deux : « La peur du Grand Gendarme, c'est le commencement de la sagesse. » Et ce n'est pas faux du tout. Interprétation du stade quatre : « Le respect de Dieu te montre le chemin de l'Illumination. » C'est la vérité.

« Jésus est mon sauveur », aiment à répéter les chrétiens. Pour ceux du stade deux, cela sous-entend que Jésus est une sorte de grand frère magicien qui vient nous aider quand nous avons des ennuis, à condition que nous fassions appel à lui. C'est loin d'être inexact. Mais les gens du stade quatre comprennent, eux, que Jésus, par sa vie et sa mort, nous a indiqué le chemin du salut. Comment ne pas souscrire à cette interprétation ?

J'aurais très bien pu prendre des exemples dans l'islam, le taoïsme, le bouddhisme, l'hindouisme. Encore une fois, les grandes religions, ce sont celles qui sont accessibles à tous.

La foi et les antagonismes

On est toujours menacé par les gens du stade supérieur.

Ainsi les gens du stade un. Apparemment, rien ne semble vraiment les inquiéter. On les croit décontractés « j'menfoutistes ». En fait, derrière cette façade, ils ont peur de tout et de tous. Et c'est vrai qu'ils sont menacés. Par ceux du stade deux, surtout.

Pourtant, ceux-là les adorent, ils voient en eux des pécheurs à convertir, des terres fertiles à conquérir. En revanche, ils sont terrorisés par les gens du stade trois, ces individualistes, ces sceptiques qui peuvent les ébranler dans leurs certitudes. Et encore plus par ceux du stade quatre, qui semblent avoir les mêmes convictions qu'eux, mais avec un effroyable parfum de liberté.

Pour les adeptes du stade trois, là encore, le danger vient d'en haut. Ils ne craindront jamais la brutalité des « un » et la superstition des « deux », mais les quatre... Comme eux, ils ont l'esprit scientifique, comme eux, ils sont érudits. Et pourtant cela ne les empêche pas de croire aux sornettes des « deux ». Il suffit alors de prononcer devant un stade trois le mot de « conversion », et il s'enfuit à toutes jambes...

Il y a un malentendu autour de ce mot de « conversion ». Je ne l'emploie pas, quant à moi, comme le ferait un missionnaire. Tout au contraire, j'utilise le terme, avec beaucoup de liberté, pour évoquer le passage d'un stade spirituel à un autre. Et ce passage est chaque fois différent. Du stade un au stade deux, il est brutal, et se produit du jour au lendemain. Tandis que, du trois au quatre, la conversion est beaucoup plus progressive et peut s'étendre sur de longues années.

On l'a vu plus haut, les « trois », plus avancés que les

deux » dans leur marche spirituelle, ont vécu une conversion en passant du bigotisme ambiant au scepticisme, à la remise en question des dogmes. La conversion, dit la Bible, est « une circoncision du cœur », bien plus lente qu'une simple petite opération chirurgicale. Elle peut même durer toute une vie.

Quant à moi, j'espère continuer à me convertir jusqu'à mon dernier souffle.

Attention aux apparences

Dans les banlieues chic de nos villes américaines, on peut entendre des pasteurs presbytériens qui parlent, dans leurs sermons, de psychologie, d'éthique, toutes choses de haute élévation morale. Mais jamais ils ne prononcent le nom de Dieu. Pourquoi ? Parce qu'ils craignent que dans le temple, parmi leurs ouailles les plus assidues, les plus pratiquantes, les plus « stade deux » en somme, il y ait des gens qui ne soient pas satisfaits de leur religion, qui la remettent en question et qu'au moindre propos mal placé, ils glissent vers le stade trois, dont ils ne sont pas loin. Il ne faut donc pas se fier aux apparences et rester très prudent avant de caser tel ou tel dans une catégorie.

A contrario, d'autres n'ont que le mot de Dieu à la bouche, ils l'utilisent à chaque coin de phrase. Je pense à certains chefs religieux, à certains gourous de secte. On aurait envie tout de suite de les hisser au stade quatre. Et on se tromperait : ce sont en fait des criminels du stade un. De même, de nombreux scientifiques, *a priori* du stade trois, n'en sont en fait qu'au stade deux : je pense en particulier à ces spécialistes enfermés dans un domaine bien délimité et qui se sentent tellement protégés par lui qu'ils ignorent tout du mystère du monde.

L'affaire se complique encore avec les gens que les psychiatres appellent « les personnalités frontalières ». Ceux-là ont un bras dans tel stade, une jambe dans tel autre, écartelés. Ils sont partout, leur vie n'a aucune cohérence, ils peuvent passer facilement les frontières entre les stades, sans s'en rendre compte.

Après avoir atteint un stade supérieur, il peut arriver que l'on régresse. Un homme qui mène une vie de bâton de chaise, entre casino et boîte de nuit rencontre un jour un protestant fondamentaliste qui sait le réconforter, le sauver même. Pendant quelques années, finie, la vie dissolue. Plein de crainte dans la colère divine, le joueur cherche enfin le droit chemin : il est passé du stade un au stade deux. Et un jour, il disparaît. On le retrouvera, au bout de six mois, dans le caniveau ou dans une maison de jeu. Ses amis viendront peut-être essayer de le repêcher ; mais il replongera plus tard.

Autre exemple de régression. Sur le green, cet homme d'affaires nous tient à peu près ce discours :

— Bien sûr que je crois toujours en Dieu. Regardez toute cette nature autour de nous. À l'évidence, c'est une puissance divine qui créa toute cette beauté, il y a des millions d'années. Pour moi, la création est tout aussi belle vue d'un terrain de golf que dans une église. J'y vénère mon Dieu avec autant de ferveur.

Et puis, patatras ! un mauvais coup en bourse. Le voilà qui court dans l'église la plus proche, qui se jette à genoux, qui y passe tous ses dimanches. Il est retourné du stade trois au stade deux. Jusqu'au jour où les affaires reprendront. Alors, il quittera les murs rassurants de l'église pour revenir dans son temple à ciel ouvert... et à dix-huit trous.

J'ai connu quant à moi quelqu'un qui oscillait sans cesse entre le stade trois et le stade quatre. C'était un ami, d'une remarquable valeur scientifique et d'une rationalité méticuleuse. Il en était même très ennuyeux. Sauf quand, le soir, il avait bu un verre de trop ou fumé un petit joint. Alors il s'envolait dans de grands discours sur la vie et la mort, sur leur signification... Il devenait passionnant. Sa métamorphose était époustouflante. Mais le lendemain matin, il me passait un coup de fil :

— Désolé pour hier soir, je t'ai raconté n'importe quoi. J'avais un peu bu, j'étais fatigué...

Je ne veux naturellement pas encourager la consommation d'alcool ou de drogue. Mais, dans ce cas particulier, les substances en question permettaient à mon ami de se laisser aller dans la direction où il était appelé. Puis, redevenu « normal », il s'en éloignait avec horreur pour revenir à la rationalité familière de son stade trois.

Il est donc possible de régresser. Mais il est impossible de brûler les étapes, de sauter un stade du développement spirituel. Comme d'ailleurs, il est impossible de passer directement de l'enfance à l'âge adulte, en oubliant l'adolescence. En fait, ces deux processus d'évolution suivent une progression comparable.

Les enfants, jusqu'à l'âge de cinq ans, sont des créatures du stade un. ils n'ont pas encore assimilé la différence entre le Bien et le Mal ; ils mentent, trichent, volent, manipulent sans scrupule. Pas étonnant alors que certains individus gardent ce type de comportement à l'âge adulte. C'est même beaucoup plus facile à expliquer que le contraire : pourquoi tant d'hommes et de femmes deviennent-ils des gens bien ?

De cinq à douze ans, les enfants accèdent en général au stade deux, espiègles, souvent, mais jamais rebelles.

Ce que veulent Papa et Maman, c'est bien. Si on est puni, c'est juste. Et puis vient l'adolescence, l'âge de la grande pagaille. Toute l'éducation reçue est rejetée, niée en bloc. On en arrive à la remise en question individuelle, au scepticisme.

Impossible d'atteindre le stade quatre si l'on n'est pas passé par ces différentes phases, et dans l'ordre. Ce passage se fait plus ou moins rapidement selon les individus. Un de mes amis avait été élevé toute son enfance dans une famille catholique d'origine irlandaise. Puis son père fut muté à Amsterdam et l'inscrivit dans une école de Jésuites. Mon ami entamait à peine sa crise d'adolescence. Or, les Jésuites hollandais sont des hommes très évolués, très raffinés, très ouverts. Au lieu de braquer la révolte du jeune homme, ils guidèrent et accompagnèrent ses doutes. Quand il revint trois ans plus tard, à dix-neuf ans, aux États-Unis, il était déjà passé au stade quatre. Conversion on ne peut plus rapide !

Mais, dans la plupart des cas, c'est le blocage. Il y a des années de cela, j'étais conseiller psychologique dans un couvent. Mon rôle était de m'entretenir avec les postulantes au noviciat, avant leur entrée dans les ordres, pour savoir si elles étaient vraiment faites pour la vie monacale. Je reçus ainsi une candidate d'environ quarante-cinq ans. À première vue, elle faisait l'affaire, même si les religieuses ne l'aimaient pas beaucoup. Au cours de l'entretien, je fus très surpris d'entendre cette femme d'âge mûr s'exprimer avec la manière gnangnan d'une gamine de huit ans. À toute question sur sa vie spirituelle, elle répondait par les plus plates banalités. Une fillette récitant son catéchisme ! Chasser le psychiatre, il revient au galop et je lui demande de me parler de son enfance :

— Oh, répond-elle, j'ai été la plus heureuse des petites filles. C'était la plus merveilleuse période de ma vie.

Il y avait du louche. Jamais, au grand jamais, une enfance n'est absolument « merveilleuse ». Je la poussai un peu. Elle me raconta qu'un jour, à l'heure du bain, elle s'amusait à plonger la tête dans la baignoire. Sa mère s'était mise alors à la battre.

— Pourquoi vous battait-elle ? demandai-je.

— Parce que j'avais mouillé mes cheveux.

Puis elle m'apprit que sa mère était morte d'une sclérose en plaques. La petite avait alors douze ans. Comment vivre une crise adolescente contre une mère qui vous bat pour des cheveux mouillés si elle meurt avant qu'on comprenne la situation et qu'on puisse se révolter contre elle ? Cette femme n'avait pu passer par la crise d'adolescence : elle en était restée, à son âge, au stade deux.

Dans les oubliettes

Aussi loin que nous allons, de stade en stade, nous gardons toujours en nous des restes des stades précédents. Je sais qu'il y a quelque part en moi un élément du stade un qui croupit dans les oubliettes : Scott Peck, le criminel. Et je n'ai pas l'intention de le laisser sortir de là. Toutefois, comme je connais son existence, j'ajoute le plus souvent possible une nouvelle pierre à sa cellule. Et parfois je vais le voir, je parle avec lui à travers les barreaux, quand j'ai besoin d'une information à son sujet. Mais je garde mes distances.

Il y a aussi dans ma personnalité des vestiges du stade deux, ce Scott Peck qui, dans les moments difficiles, aimerait tant avoir un grand frère ou un papa qui lui donne des réponses bien claires, bien nettes, blanches ou noires, qui prendrait toutes les responsabilités, qui me donnerait de bonnes recettes pour savoir la marche à suivre. Ce Scott Peck-là, je tente le mieux que je peux de le mettre au pain sec et à l'eau.

Par moments aussi, j'ai envie de faire appel au Scott Peck du stade trois, tenté de s'appuyer sur le rationnel, la science, plutôt que sur le spirituel.

Qu'on ne s'y trompe pas, quel que soit le stade où l'on se situe, nous avons encore en nous, quelque part, des traces des stades précédents. Vous vous sentez bien en ce moment, sûr d'être sur le chemin qui mène au stade quatre ? Pensez aux oubliettes, regardez ce qu'il reste au fond de ces cachots.

Et pour vous réconforter, songez que nous avons en germe des éléments des stades supérieurs que nous n'avons pas encore atteints. « Tous les saints ont un passé, tous les pécheurs ont un avenir », disait si bien Oscar Wilde.

Il faut aussi apprendre à rester humble dans ce domaine. La première fois que je me suis exprimé sur les quatre stades de l'évolution spirituelle, c'était lors d'un séminaire en présence de Paul Vitz, grande autorité en matière de fusion entre le psychologique et le religieux. Durant son temps de parole, il s'adressa à moi :

— Ces stades de l'évolution spirituelle dont a parlé le Dr Peck m'intéressent beaucoup. Je pense même que je vais les utiliser dans ma pratique de la psychothérapie. Toutefois, il faut toujours se rappeler que votre stade quatre, cher ami, n'est qu'un commencement...

Toujours plus loin sur le chemin...

8

La dépendance, cette maladie sacrée

Je l'avoue, je suis un fumeur invétéré. Je n'ai pas assez de volonté pour m'arrêter et pourtant, ça ne m'empêche pas de prôner, dans mes propos et dans mes écrits, la nécessité de la discipline personnelle.

L'abus des drogues, de l'alcool et la dépendance qui s'ensuit, sont des problèmes à dimensions multiples, aux facettes innombrables. On peut leur trouver des racines sociologiques, voire biologiques. Ainsi, nous savons que l'alcoolisme a une origine génétique. Ce qui ne veut pas dire qu'un hérédo-alcoolique deviendra lui-même dépendant, qu'il va développer nécessairement la maladie. Ou qu'il ne pourra jamais s'en guérir, cesser de boire.

Pour les autres types de drogues, il existe aussi des facteurs biologiques qui déterminent notre attirance vers elles. Ainsi, je suis partiellement dépendant de l'alcool et d'autres sédatifs qu'on appelle en termes savants « dépresseurs du système nerveux central ». En revanche, les euphorisants ne m'attirent pas du tout. Pour d'autres, c'est le contraire.

Je n'oublie pas non plus les facteurs sociologiques. On le sait, la drogue se trouve le plus souvent dans les quartiers les plus défavorisés, où règne le désespoir et où c'est le seul moyen de connaître, l'espace d'un instant, de brefs moments de bonheur.

Mais ce n'est pas sur ces aspects sociologiques et biologiques que je vais me pencher. Mon domaine de prédilection est bien sûr le côté psychologique et spirituel.

Spirituel, oui, car la dépendance aux drogues et à l'alcool peut être considérée comme une forme d'idolâtrie. La bouteille, pour l'alcoolique, est comme un dieu. Mais d'autres formes d'idolâtrie nous sont très familières : la passion du jeu, la frénésie du sexe, l'amour de l'argent ; même si la dépendance à ces drogues-là est bien plus insidieuse. Il existe par exemple une dépendance familiale, quand on fait tout pour plaire au père de famille — ou à un autre chef. La sauvegarde du cercle familial, idole étouffante, devient alors plus importante que l'appel de Dieu. D'autres dépendances encore, d'autres idoles : le pouvoir, l'obsession de la sécurité, qui me semblent bien plus nocifs que la drogue ou l'alcool, si l'on considère ce qu'ils coûtent à la société.

Il fallait que ces choses soient dites pour qu'il n'y ait pas de malentendus. Je peux maintenant évoquer les « vraies » drogues, la « vraie » dépendance.

Les alcooliques ou les drogués, en termes psycho-spirituels, sont des individus qui, plus que les autres, ont envie de retourner au jardin d'Éden, d'atteindre le paradis, de se retrouver eux-mêmes. Ils cherchent désespérément à éprouver ce sentiment grisant et chaleureux d'unité avec la nature.

Or, on ne peut pas retourner au paradis. On ne peut qu'avancer. Et la seule voie qui mène au but est tellement accidentée ! Alcooliques et toxicomanes, dans leur ardent désir de retrouver le Jardin d'Éden, rebroussent chemin : ils se trompent de route.

On peut considérer cela comme un simple phénomène

de régression, un désir de revenir dans le giron maternel. Ou bien, au contraire, dire qu'il s'agit là d'une volonté d'évoluer. Ces gens me semblent comme attirés, appelés, vers la spiritualité, vers Dieu, plus fortement que le reste de l'espèce humaine. Seulement voilà, ils ne vont pas dans la bonne direction.

Jung et les Alcooliques Anonymes

Carl Jung a été le premier à associer la psychanalyse et la spiritualité. Ce qu'on ignore souvent, c'est qu'il a joué un rôle important dans la fondation de l'association des Alcooliques Anonymes (AA).

Dans les années vingt, il suivait un patient alcoolique. Mais, au bout d'un an de thérapie, pas le moindre progrès. Jung finit par lui dire :

— Vous perdez votre temps et votre argent. Je ne sais plus quoi faire pour vous aider. La seule chose que je puisse vous suggérer, c'est de vous tourner vers la religion. J'ai déjà entendu parler de gens qui avaient arrêté de boire après une conversion. Le phénomène ne me paraît pas du tout invraisemblable.

Le patient suivit au pied de la lettre les conseils de Jung. Au bout de six ans, il finit par trouver sa voie spirituelle, sa religion, et cessa définitivement de boire. Un jour, il rencontra un vieux copain de bistrot, lui aussi alcoolique. Cet homme, un certain Ebby, l'invita à boire un coup. Refus de l'ancien patient. Stupéfaction de Ebby qui pensait que, comme lui, l'autre était irrécupérable. Quand il apprit comment la guérison avait eu lieu, Ebby suivit le même chemin spirituel. Deux ans après, lui aussi était guéri. Un soir, il était invité chez un ami, Bill W., lui aussi alcoolique. Et, bien sûr, Ebby refusa de prendre l'apéritif. À son tour, Billy W. fut convaincu, suivit son propre chemin spirituel, se débarrassa du fardeau de l'alcool, mais voulut aller plus loin encore. C'est ainsi qu'il créa l'association des Alcooliques Anonymes. C'était à Akron, Ohio.

En vingt ans, les AA connurent un immense succès. Alors, Bill W. décida d'écrire à Jung pour le remercier du rôle qu'il avait joué, sans le savoir, dans son travail.

La réponse de Jung est une lettre passionnante. Après s'être déclaré heureux d'avoir contribué à cette œuvre, il expliqua qu'il s'intéressait particulièrement au phénomène de l'alcoolisme. Ce n'est pas par hasard, disait-il qu'on appelle « spiritueux » les liqueurs fortes. Les alcooliques, soulignait-il, sont des gens qui ont une plus grande « soif » de spiritualité. Ils sont victimes d'un trouble spirituel.

Évidemment, Jung ne négligeait pas les aspects négatifs et régressifs de la dépendance alcoolique.

Quant à moi, je me suis rendu compte que l'on obtient les meilleurs résultats en insistant sur les côtés positifs, ceux qui incitent au progrès, c'est-à-dire à la quête de Dieu.

Un programme de conversion

Lorsque j'étais un psychiatre stagiaire, on savait depuis longtemps que les Alcooliques Anonymes obtenaient avec leurs « patients » de bien meilleurs résultats que mes confrères. Mais on s'imaginait que cette association était en quelque sorte un ersatz de bistrot du coin. Les alcooliques souffraient, selon notre jargon, de « troubles de la personnalité orale ». Et, si pendant ces réunions des AA ils consommaient force café, fumaient cigarette sur cigarette tout en parlant beaucoup, c'était pour satisfaire à leurs besoins dits oraux. Leur bouche compensait ainsi la frustration de n'avoir plus le verre à portée. C'est pourquoi, pensaient les psychiatres, cela marchait si bien.

Hélas, beaucoup le pensent encore aujourd'hui. Bien sûr, ce n'est pas faux. Remplacer ainsi une dépendance par une autre a sans doute sa part, minime, dans la réussite des AA.

Mais la principale raison de leur succès, c'est ce qu'ils appellent « le programme en douze étapes », ou la « conversion spirituelle ». À ma connaissance, seuls les Alcooliques Anonymes ont réussi à élaborer un programme menant à cette conversion. Ce qui ne veut pas dire que l'association est une religion organisée, même si la ligne directrice du programme est la notion d'abandon à un pouvoir supérieur. L'alcoolique doit, disent-ils, avancer dans le désert, vers Dieu, « tel que nous le concevons ».

Bien des religions, aux États-Unis, peuvent envier le succès et la réussite phénoménale des Alcooliques Anonymes. Il faut dire que les AA sont bien plus habiles que les religions habituelles pour convertir leurs ouailles. Ils se réunissent dans des églises, mais sans distinction de culte. C'est d'ailleurs un des grands mérites des paroisses que d'accepter de les héberger. Par ailleurs, en ne se réclamant d'aucun dogme religieux, ils atténuent l'aspect spirituel du mouvement : Personne n'accepte facilement l'idée d'être converti. Beaucoup résistent. Surtout que le programme en douze points est extrêmement difficile à suivre.

J'ai eu l'occasion de le constater il y a douze ans, avec un de mes patients qui était venu me voir parce que, disait-il, le recours aux Alcooliques Anonymes ne lui avait été d'aucun secours. Il allait à leurs réunions un soir sur deux, mais continuait de boire les autres jours. Pourtant il était persuadé d'avoir bien assimilé les fameuses douze étapes. Pourquoi, se demandait-il, ça marchait avec les autres, mais pas avec lui ?

— D'après ce que j'en sais, lui répondis-je, le programme en douze étapes me semble d'une grande profondeur, d'une grande sagesse spirituelle. Mais il explique qu'il faut au moins trois ans pour *commencer* à comprendre de quoi il s'agit.

— C'est vrai, mais je ne vois toujours pas le rapport entre mon alcoolisme et ces histoires de pouvoir supérieur... Toutefois, j'ai quand même compris la première étape.

— C'est-à-dire ?

— Eh bien j'admets que je suis complètement impuissant devant l'alcool. C'est une sorte de faiblesse cérébrale, sans doute. Chaque fois que je bois un verre, l'alcool prend le dessus. Je ne peux plus m'arrêter. Je perds toute volonté. Il ne faut donc pas que je boive ce premier verre.

— Pourquoi le buvez-vous, alors ?

Silence embarrassé de mon patient. Je poursuis :

— La première étape ne signifie pas que vous devenez impuissant *après* le premier verre, mais que vous l'êtes déjà *avant* de l'avoir bu.

Il nia farouchement, persuadé qu'il ne tenait qu'à lui de boire ce premier verre ou non, et que sa volonté ne s'effritait qu'après l'avoir avalé. Je n'ai pu rien faire pour lui. Il n'était pas parvenu à accepter l'abandon qu'on lui demandait, dès la première étape. Alors, les onze autres...

Un programme psychologique

Le programme des Alcooliques Anonymes est donc d'abord spirituel : il apprend *pourquoi* il faut avancer dans le désert. Mais il est aussi psychologique, car il dit *comment* progresser. La méthode est expliquée sous forme de « slogans ». Ce sont en fait des manières de proverbes. Par exemple :

Faites comme si, faites semblant ; ou encore *la seule personne que vous pouvez changer, c'est vous-même* ; *vingt-quatre heures à la fois*, etc.

Mon grand-père, un personnage merveilleux, m'avait convaincu dans mon enfance de l'importance des proverbes. Cet homme simple, un peu fruste, ne parlait que par clichés : « chaque chose en son temps », « il ne faut pas mettre ses œufs dans le même panier », etc. Des conseils, des avertissements, des encouragements, le tout dans un langage immédiatement compréhensible.

Certes, il se répétait un peu. Combien de fois ai-je entendu « Tout ce qui brille n'est pas or ! » Mais il m'aimait. Je passais chez mes grands-parents un week-end par mois. Et, au cours de nos longues promenades, il m'assenait ainsi ses dictons que j'ai fini par assimiler. Puis par comprendre. La sagesse simple qu'ils contenaient m'a été très utile tout au long de ma vie.

Une bonne trentaine d'années plus tard, une école privée me demanda de pratiquer une psychothérapie sur un garçon de quinze ans dont les résultats scolaires étaient catastrophiques. Comme le font souvent les psychiatres pour tester un nouveau patient, je lui demandai, au cours d'une des premières séances, de donner son interprétation de quelques proverbes que je lui citai. Et je fus atterré par la banalité, pour ne pas dire la niaiserie des réponses du jeune homme.

Au point que je me sentis obligé de faire évaluer son intelligence. Je l'envoyai à une psychologue réputée dans le domaine des tests. Résultat : un QI de 105, rien d'extraordinaire, une moyenne tout à fait normale. Moi, en entendant la bêtise de ses interprétations des proverbes, je l'avais situé à peine à 85. J'appelai donc la psychologue, trouvant qu'elle avait nettement surestimé le QI du cancre. Elle m'expliqua alors :

— Ça fait belle lurette qu'on n'utilise plus l'interprétation des proverbes. Les jeunes d'aujourd'hui n'en connaissent plus un seul...

Je suis de plus en plus persuadé qu'il faudrait, dès l'enfance, donner dans les écoles publiques des cours de santé mentale. Des cours de « morale ». Naturellement, bon nombre de mes concitoyens s'y opposeraient. Il y a tellement de gens qui ont peur de la sagesse populaire et de la psychologie. Mais au moins, qu'on apprenne les proverbes à nos enfants ! De toute urgence. Comme disait mon grand-père : « Le plus tôt sera le mieux. »

L'utilisation des proverbes, des « slogans », s'est révélée très efficace auprès des Alcooliques Anonymes. Mais il y a un autre élément primordial dans ce programme psychologique : le « parrain ». Les personnes qui rejoignent un groupe de AA pourront choisir, au bout de quelque temps, quelqu'un qui les suivra autant qu'elles le veulent, faisant ainsi office de psychothérapeute. Un psychothérapeute amateur, si j'ose dire, ou mieux « profane » car n'ayant pas suivi la formation universitaire de notre profession.

On a même vu parfois des personnes qui n'étaient pas alcooliques, mais qui sentaient le besoin d'une psychothérapie, se rendre chez les AA et choisir un parrain.

Ces parrains du programme en douze étapes ne remplaceront évidement jamais un psychiatre. D'ailleurs, j'ai

souvent eu pour patients des anciens alcooliques anonymes. Leur parrain leur avait déjà largement déblayé le
terrain et mon rôle était de leur donner un petit coup de
pouce supplémentaire. C'est ainsi que j'ai appris beaucoup de choses sur les AA.

Par exemple, et c'est une tradition, ils admettent parfaitement que vous puissiez dépasser votre parrain, ne
plus avoir besoin de lui. Il est alors tout à fait normal de
lui dire :

— Je vous suis très reconnaissant de tout ce que vous
avez fait pour moi ces dernières années. Mais maintenant, j'ai besoin d'un parrain plus avancé.

Et le parrain délaissé n'en prendra pas ombrage. Je
connais peu de psychiatres capables d'admettre cela.

Un programme communautaire

Les Alcooliques Anonymes n'apprennent pas seulement à leurs adhérents comment et pourquoi progresser
dans le désert. Ils leur montrent aussi qu'ils ne sont pas
obligés de le traverser seuls. Leur programme spirituel
et psychologique est également un programme communautaire.

J'ai, quant à moi, et suivant ainsi leur démarche, abandonné la psychiatrie pour me consacrer, avec toute une
équipe, au développement de l'organisme que j'ai créé :
la Foundation for Community Encouragement (FCE),
déjà présentée dans *La Route de l'Espoir*. La communauté, y expliquais-je à peu près, ne se développe bien
que dans les périodes de crise.

Ainsi, lors du grand tremblement de terre de Mexico
en 1985 qui vit périr plus de quatre mille personnes, on
a pu voir des jeunes gens riches, naguère égoïstes, qui

partaient au secours des sinistrés, main dans la main avec des ouvriers. Et ce, sans compter leur peine, dans un grand élan d'amour.

Le seul problème c'est qu'une fois la crise passée, la communauté se dissout. Et tous regrettent cette crise disparue. Comme ces anciens combattants qui se réunissent pour évoquer la guerre avec nostalgie, malgré les souffrances qu'ils y endurèrent, le froid, la boue, le danger, les morts. Mais là-bas, ils avaient connu la véritable communauté, ils avaient l'impression que leur vie avait un sens. Une impression qu'ils n'ont plus ressentie depuis.

Au fond, l'alcoolisme est une bénédiction pour ceux qui en sont victimes. Cette maladie, à l'évidence, brise les hommes et les femmes, les font craquer. Ils ne peuvent plus cacher leurs peines et leurs angoisses. Contrairement aux non-alcooliques qui parviennent à masquer leurs problèmes derrière une certaine maîtrise de soi leur interdisant de parler ouvertement de ce qui les brise. L'alcoolisme, lui, met les gens en crise ouverte qui les pousse vers cette communauté que sont les AA.

Or, le trait de génie de cette association, c'est de ne jamais se considérer comme guéris, mais simplement comme « en voie de rétablissement ». Expression fondamentale, car elle leur permet de garder en mémoire que la crise est un processus perpétuel. Et donc que la communauté est durable.

C'est également ce que j'essaie de faire comprendre aux gens qui viennent dans la Foundation for Community Encouragement. Je tente de leur enseigner comment créer une communauté, même si l'on n'est pas un alcoolique, même si on croit ne pas être en crise. Car nous sommes tous déjà en crise.

Faire face, le plus tôt possible

Pour nos sociétés occidentales qui n'osent pas affronter la souffrance, la santé mentale, c'est l'absence de crise. Or, c'est complètement faux. Ce qui la caractérise, c'est la capacité *de faire face* aux crises.

Ce mot de « crise » est devenu très à la mode ces derniers temps. Ainsi, nous parlons de « la crise de la ménopause ». Cela fait pourtant longtemps que nous connaissons ce phénomène physique. Mais ce qui paraissait étrange, jadis, c'est que certaines femmes sombraient dans la dépression nerveuse, vers la cinquantaine, au moment de la disparition de leurs cycles menstruels, et d'autres, au contraire, y réagissaient très bien.

Surmonter la ménopause, c'est une question d'entraînement. Les femmes qui y parviennent avaient franchi bien d'autres crises, avant cela. À vingt-six ans, en voyant les premières rides dans le miroir, elles avaient compris qu'elles ne seraient jamais une star d'Hollywood. Puis, quand leur dernier enfant est entré à son tour à la maternelle, elles ont décidé de se trouver d'autres occupations que leur seule famille. Alors, quand vient la cinquantaine, elles ne ressentent aucun désagrément, à l'exception de quelques bouffées de chaleur. Psychologiquement, elles s'étaient préparées à l'épreuve, trente ans auparavant.

Celle au contraire qui s'est complu longtemps dans des rêves de gloire cinématographique, attendant que je ne sais quel metteur en scène vienne la chercher, celle qui, ensuite, s'est réfugiée dans l'intérêt exclusif pour sa famille et ses enfants, celle-là va recevoir de plein fouet la crise inéluctable. Ses cycles s'interrompent, les couches de maquillage n'arrivent plus à cacher les rides, ses enfants ont fini par quitter le foyer parental la laissant dans une maison vide, dans une vie dénuée de sens. Rien d'étonnant qu'arrive alors la dépression nerveuse.

Ce n'est pas par sexisme que j'ai pris l'exemple des femmes. Les hommes aussi subissent cette crise, même si elle est moins spectaculaire. J'en sais quelque chose : je viens de traverser la troisième de ma vie. J'étais plus déprimé que jamais. Et j'avoue que j'en ai vraiment bavé. Mais par cet exemple de la ménopause, je veux faire comprendre que la santé mentale, quel que soit le sexe, ce n'est pas d'éviter les crises, mais savoir les prévoir, y faire face suffisamment tôt, afin de mieux aborder la suivante et ainsi surmonter le plus de crises possibles au cours d'une vie.

Les croyants, les individus « religieux », ont un grand avantage sur les autres. Pour eux, il ne s'agit pas de « hauts et de bas », de « coup au moral », mais de crise spirituelle. Rien que le terme est quand même plus valorisant que « dépression nerveuse ». C'est d'ailleurs plus facile de surmonter un « coup de déprime » si on considère qu'il est d'origine spirituelle. Et c'est souvent le cas. Il est temps que notre culture occidentale valorise les crises, y compris certaines formes de dépression, et tout ce qui est souffrance existentielle. Seules ces crises et cette souffrance nous font évoluer.

Pour en revenir aux Alcooliques Anonymes, admettre que l'on n'est jamais qu'en « voie de rétablissement », c'est reconnaître aussi que l'on vit en état de crise permanente. Et que la meilleure manière d'y faire face, c'est de s'entraider. En communauté.

Il est facile d'expliquer comment fonctionne la communauté. En revanche, il est presque impossible de montrer pourquoi elle fonctionne si bien, pourquoi elle est bénéfique.

Jésus lui-même s'est heurté à cette difficulté. Lorsqu'il tentait de décrire le royaume de Dieu, ses auditeurs s'ennuyaient. C'est pourquoi il se servait des paraboles pour mieux l'expliquer. Deux mille ans plus tard, ces paraboles sont devenues des textes extrêmement célèbres. mais la plupart des chrétiens ne savent toujours pas ce que le Christ entendait par « Royaume de Dieu ». Quant à moi, pour évoquer les communautés, je dirais que cette notion est proche de celle de « royaume », tel que Jésus l'entendait.

Royaume... Jésus parlait en araméen, les évangiles furent écrits en grec, puis traduits dans presque toutes les langues du monde. Il y a donc eu, fatalement, et dès la transcription de ses paroles, un glissement d'interprétation, des erreurs. Aujourd'hui, la plupart des exégètes sont d'accord pour dire que, quand les Evangiles écrivent « Le royaume de Dieu est en vous », il faut lire « parmi vous ». Et je crois, de fait, que la meilleure manière de trouver le royaume, c'est parmi nous, dans la communauté.

En tout cas, ce royaume était parmi ses premiers disciples. On a expliqué que leurs talents exceptionnels de prédicateurs leur étaient venus quand le Saint-Esprit était descendu sur eux pour leur offrir le don des langues et le charisme. Comme l'explique fort bien Keith Miller dans *The Scent of Love*, ce n'est pas la raison principale.

En ce temps-là, à Ephèse ou à Corinthe, les badauds pouvaient voir, sur la place publique, des groupes de personnes assises sur le pavé et parlant de choses bizarres, d'un homme exceptionnel, d'une crucifixion et d'une résurrection... Mais ce qui intriguait le plus les passants, c'était la manière dont ils se parlaient, se touchaient, pleuraient ou riaient ensemble. Alors, on sentait l'envie de se joindre à eux. C'était comme si le parfum de l'amour se répandait et attirait hommes et femmes comme des abeilles vers la fleur. On s'approchait et on disait :

— Je ne sais pas pourquoi, mais j'aimerais bien participer à vos débats.

Les premiers chrétiens avaient découvert le secret de la communauté.

Dans ma fondation, nous organisons des ateliers de constitution de communauté. Parfois, nos réunions se passent dans des chambres d'hôtel peu accueillantes. Et il arrive que des employés viennent nous dire :

— Je ne sais pas trop ce que vous faites, mais pourrais-je venir vous rejoindre, quand j'aurai fini mon boulot ?

Ça me donne une petite idée de ce qui se passait au tout début de l'Ère chrétienne...

Quand j'y songe, je pense que l'événement le plus positif du xxᵉ siècle s'est produit à Akron, Ohio, le 10 juin 1935, quand Bill W. et le docteur Bob ont organisé la première réunion des Alcooliques Anonymes. Non seulement parce qu'ils prônaient la prise en main individuelle, mais aussi parce que ce fut la première fusion populaire de la psychologie et de la spiritualité. Et le début du développement de l'esprit communautaire.

La dépendance est bien une « maladie sacrée ». Je dis souvent à mes amis des AA que Dieu a inventé l'alcoolisme pour que les victimes de ce mal fondent cette association et soient le fer de lance du développement de la communauté, une communauté qui sera le salut, non seulement des alcooliques, mais aussi des drogués, des victimes de toutes les autres dépendances. C'est-à-dire nous tous.

TROISIÈME PARTIE

À LA RECHERCHE
D'UN DIEU PERSONNEL

9

Religion et évolution spirituelle

J'utilise toujours les mots strictement « religieux » avec la plus grande prudence. Je préfère écrire, par exemple, « pouvoir supérieur » pour dire « Dieu ». Ou « spiritualité » à la place de « foi ». Les grandes religions font souvent l'erreur de galvauder les termes sacrés. On a trop tendance alors à les associer à une forme d'hypocrisie de la religion organisée, et ce au détriment de leur signification profonde.

C'est d'ailleurs en partie pour avoir usé de ces mots à tort et à travers que les religions ont traumatisé nombre de personnes, dès l'enfance. J'ai insisté plus haut sur la nécessité de pardonner à ses parents. Il faut savoir aussi pardonner à la religion. En ne le faisant pas, on entrave son évolution spirituelle, on passe à côté des véritables enseignements. Et pourtant, ces grands enseignements que nous donnent les religions les plus importantes nous sont indispensables. Comme le dit le Dalaï Lama, ils sont souvent les mêmes pour toutes ces confessions :

Les principales religions du monde ont des idées similaires sur l'amour, un même désir d'apporter le bien à l'Humanité à travers la spiritualité, et de faire de leurs adeptes des êtres meilleurs.

Jésus, Bouddha, Krishna, Confucius et Mahomet ont tous prêché l'amour du prochain. C'est une des vérités communes à toutes les grandes religions, sortes de poteaux indicateurs que l'on retrouve partout, quelle que soit la confession que l'on choisit, quel que soit le chemin spirituel que l'on emprunte. Et chaque être est unique.

Tous des individus

La multiplicité des différences entre chaque être humain ne cesse de m'étonner. Je ne sais si Dieu insuffle aux âmes ce caractère unique avant la naissance ou s'il est transmis par les gènes, mais il est évident, dès les premiers jours.

Un des principaux problèmes que l'homme doit affronter, c'est précisément l'acceptation de cette individualité, de cette différence. Surtout celle des autres. À chacun sa vocation, à chacun son destin. À chacun la liberté de choisir ce qu'il peut faire, en fonction de ses limites et de ses dons, offerts dès la naissance.

Je regrette d'avoir donné l'impression, dans *Le Chemin le moins fréquenté*, que le voyage est plus simple qu'il ne l'est en réalité. Je n'avais pas assez insisté, je le pense aujourd'hui, sur l'immense diversité qui existe dans le monde. J'ai fait preuve, en l'occurrence, d'une certaine désinvolture que je crois ne plus avoir aujourd'hui.

La diversité est très enrichissante. Elle est même indispensable à la communauté, nécessaire à la constitution d'un tout. Et les chemins qui s'offrent à nous sont, eux aussi, multiples et variés. Puisque chaque être est unique, ses choix le sont aussi. C'est en se demandant sans cesse, sans se lasser, quel chemin emprunter qu'on finira par choisir le bon.

Gandhi a dit : *Les religions sont des routes variées qui convergent vers un même point. Qu'importe que nous prenions des chemins différents si nous atteignons le même but ?* Et sur chacun de ces chemins dans le désert, le but, c'est Dieu.

Car Dieu ne pratique pas la discrimination contrairement à certaines religions. Si vous vous tournez vers Lui, Il viendra à votre rencontre et quel que soit le chemin qui mène à Lui. Ils sont innombrables : ils peuvent passer par l'alcoolisme, comme nous le disions tout à l'heure, mais aussi par le bouddhisme zen, celui que j'ai suivi, par les nombreuses confessions chrétiennes ou même, pourquoi pas ? par Shirley MacLaine ! L'individu se positionne à divers stades de l'évolution, et lorsqu'il est prêt à partir, n'importe quoi peut le mettre sur la voie.

Il me revient une anecdote qui montre bien que le voyage peut démarrer pour les motifs les plus futiles. Comme tous les dimanches matin, après le culte, un pasteur protestant serrait la main de ses paroissiens sur le parvis du temple. Le dernier à se présenter fut un homme qui ne venait que rarement à l'office :

— Révérend, je vous remercie, dit-il. Dans votre sermon d'aujourd'hui, j'ai entendu exactement ce que je devais entendre. Vous m'avez rendu un grand service. Ma vie est révolutionnée grâce à vous.

Flatté, mais surpris, le pasteur lui demande ce qui a bien pu déclencher un tel bouleversement.

— Eh bien, révérend, au début de votre sermon, vous avez annoncé que vous aborderiez deux sujets. À la fin du premier vous avez dit : « La première partie de mon sermon est terminée. Passons maintenant à la deuxième. » À ce moment précis, j'ai pris conscience que la première partie de ma vie était terminée. Et qu'il fallait maintenant passer, moi aussi, à la deuxième. Merci, révérend.

La phrase la plus anodine, et cet homme est allé encore plus loin sur son chemin...

Mon chemin vers Dieu

J'ai trouvé Dieu grâce au bouddhisme. Il ne s'agissait que d'une première étape car, vingt ans après, j'ai finalement opté pour le christianisme. Mais je n'en serais pas arrivé là sans la spiritualité zen. Accepter le christianisme, c'est accepter le paradoxe. Et le bouddhisme zen, que l'on considère souvent comme une philosophie plus que comme une religion, a été pour moi la formation idéale, l'initiation qui m'a permis d'assimiler ces terribles paradoxes du christianisme.

Ma conversion a eu lieu des années après la publication du *Chemin le moins fréquenté* qui commençait d'ailleurs par cette idée typiquement bouddhiste : la vie est difficile. Pourtant, inconsciemment, ce livre était empreint de concepts chrétiens. J'ignorais que, depuis quelque temps déjà, j'étais sur cette voie. Quelqu'un m'a même dit, peu après la parution :

— C'est très habile, la façon dont tu fais passer le message chrétien sans le laisser paraître.

J'ai protesté, en toute bonne foi. Mais ma prise de conscience avait commencé. Une autre étape importante de mon voyage fut la lecture, à l'âge de trente ans de *Tactique du Diable* de C.S. Lewis. Il s'agit des conseils que donne un démon âgé, Screwtape, à son maladroit neveu Wormwood pour s'emparer de l'âme d'un jeune homme, devenu chrétien. Le vieux demande en particulier à Wormwood de s'arranger pour que sa victime finisse par croire que le temps lui appartient. À la première lecture, je n'avais pas compris la phrase. Je l'ai relue trois fois. Ça me paraissait évident que le temps nous appartenait. Puis il me vint enfin à l'esprit qu'il était entre les mains d'une puissance supérieure et non entre les miennes comme je l'avais toujours pensé. J'en suis resté longtemps déconcerté, et même aujourd'hui j'ai encore du mal à céder mon temps à Dieu. La soumission peut s'apprendre comme je l'ai fait grâce à C.S. Lewis. Mais il m'a fallu douze ans encore avant d'être suffisamment soumis pour me faire baptiser.

Si j'ai maintenant opté pour la religion chrétienne, c'est que je pense qu'elle a la meilleure approche du péché. Une approche et une conception paradoxales, aux dimensions multiples. Elle part du principe que nous sommes tous pécheurs et qu'il est impossible de ne pas l'être. Les définitions du péché sont innombrables, mais la plus courante est « manquer la cible », ne pas réussir chaque fois. Car même si nous nous conduisons de façon exemplaire, à un moment ou à un autre, notre attention faiblira et, trop confiants ou trop fatigués, nous ne ferons pas ce qu'il faut. Car nous sommes loin d'être parfaits.

Le christianisme admet, permet cette faiblesse. Je dirai même que, pour être chrétien, il est indispensable d'être un pécheur. Ou du moins de savoir que l'on est un pécheur. Autre aspect du paradoxe, la confession de ces péchés, et le repentir les effacent. Il faut savoir souffrir de ce que l'on a commis. Si on reconnaît ses erreurs, c'est comme si elles n'avaient jamais existé. Alors, on peut recommencer à zéro, comme neuf.

Une petite fille, aux Philippines, affirmait que Jésus lui apparaissait et qu'ils avaient de longues discussions ensemble. Le bruit s'en répandit très loin autour de son village jusqu'aux oreilles de l'évêque de Manille qui décida de mener une enquête car, chez les catholiques, miracles et apparitions doivent être cautionnés et reconnus par la hiérarchie. La petite fille fut amenée à l'évêché pour y passer des tests psycho-théologiques. À la fin du troisième entretien, le prélat ne savait toujours pas s'il avait affaire à une sainte ou à une simulatrice. Il dit donc à la fillette :

— La prochaine fois que tu parleras avec Jésus, demande-lui de te dévoiler ce que j'ai dit lors de ma dernière confession.

Quand, une semaine après, elle revint, l'évêque demanda :

— As-tu parlé à Jésus au sujet de ma confession ?

— Oui, répondit la fillette.

— Alors que t'a-t-il raconté ?

Elle répondit :

— Jésus m'a dit qu'il avait oublié.

Il y a à cette réponse deux interprétations possibles. J'ignore laquelle choisit le prélat. La première est de penser que la fillette est une psychopathe très astucieuse. La deuxième, plus probable selon moi, c'est qu'elle a réellement parlé à Jésus. En effet, elle a exprimé quelque chose de profondément chrétien : quand les péchés sont confessés, ils sont oubliés. Pour Dieu, ils n'existent plus.

La réalité de Jésus

Je ne sais si j'ai eu l'impression de renaître en devenant chrétien. En tout cas l'accouchement fut très difficile. D'abord, j'ai attendu l'âge de quarante ans pour lire les Évangiles. Et à titre de documentation ! J'étais en effet en pleine rédaction du *Chemin*, où je citais le Christ à plusieurs reprises. Il fallait bien que je vérifie mes données. Mais c'était aussi un moment propice pour découvrir les Évangiles.

Douze ans plus tôt, j'aurais bien sûr affirmé que Jésus était un personnage historique, un homme sage qui fut exécuté selon les coutumes de l'époque parce que ses propos étaient trop dérangeants. Pour moi, à cette époque, sa réalité se serait arrêtée là. Je savais par ailleurs que les auteurs n'étaient pas ses contemporains. Ces textes auraient été rédigés une trentaine d'années plus tard et les informations livrées, de seconde voire de troisième ou de quatrième main. Les quatre évangélistes auraient donc largement brodé sur la réalité.

Mais quand j'ai lu enfin les Évangiles, j'avais derrière moi douze ans d'expérience de thérapeute et d'enseignant. C'est donc avec l'œil du psychologue professionnel que j'ai abordé ces textes. Et j'ai été stupéfié par la profonde *réalité* humaine du personnage principal des Évangiles. J'ai cru voir en lui un homme souvent triste, déprimé, angoissé, inquiet. Avec toujours cette hantise de ne pas être compris : « Combien de fois dois-je vous le dire ? Combien de fois dois-je le répéter ? Que dois-je faire pour que vous me compreniez ? » Mais Jésus est aussi un homme qui réussit à passer au-dessus de ses propres préjugés pour les transformer en amour bienfaisant. Enfin, c'est quelqu'un de terriblement seul, mais qui ressent aussi parfois un immense besoin de solitude. Le meilleur romancier du monde n'aurait pas pu inventer un personnage aussi psychologiquement riche et complexe.

C'est bien après la rédaction des Évangiles que l'Église a donné du Christ une image que mon épouse Lily appelle « le Jésus ringard ». On le voit caressant la tête des petits enfants, un sourire radieux éternellement plaqué sur le visage, parcourant le monde avec une inébranlable sérénité, un calme imperturbable, l'âme en paix. Tout le contraire du personnage des Évangiles. Le Christ, secret le mieux gardé du christianisme, était loin d'avoir l'esprit tranquille. Et si nous voulons être ses disciples, pas question de l'avoir non plus. Ce n'est pas le but recherché.

J'ai alors changé d'optique : les évangélistes étaient devenus pour moi des sortes de journalistes très consciencieux qui essayaient de rapporter avec le plus d'exactitude possible les paroles et les actes de cet homme qu'ils ne comprenaient qu'à peine, mais en qui, ils en étaient sûrs, le ciel et la terre s'étaient retrouvés. Quand j'ai compris tout cela, alors seulement, j'ai vraiment aimé Jésus. On dirait d'ailleurs que la plupart des chrétiens n'ont pas vraiment lu les Évangiles. Si les prêtres ou les pasteurs prêchaient la réalité des Saintes Écritures, les fidèles fuiraient l'autel à toutes jambes !

Il va de soi que les Évangiles ne sont pas totalement fidèles. Certaines anecdotes ont été ajoutées, d'autres édulcorées. Jésus avait, d'évidence, un très grand sens de l'humour, dont on ne nous donne qu'un aperçu. Quant à sa sexualité, elle est complètement passée sous silence. Peut-être à cause de son ambiguïté. Eut-il une passion très humaine pour Marie-Madeleine, la prostituée ? Et qu'en était-il de ses rapports avec l'apôtre Jean, « celui qui était aimé de Jésus ? » Je ne veux pas insinuer que le Christ était bisexuel ou asexué. Mais je pense profondément qu'il était androgyne, à la fois homme et femme, un être complet, profondément humain, mais aussi génie divin.

152

Le génie de Jésus

J'ai pu constater la profondeur du génie de Jésus, juste après la parution du *Chemin le moins fréquenté*. Mon épouse Lily et moi passions un court séjour dans un petit country-club de la côte Est. Naturellement, je me pavanais avec mon livre tout frais à la main et tout le monde fut vite au courant que j'étais devenu un écrivain. J'ai regretté bien vite ce narcissisme. Le deuxième soir, un autre membre du club, un avocat célèbre, m'aborde à l'heure de l'apéritif :

— Il paraît que vous venez de sortir un livre. De quoi s'agit-il ?

— Une sorte de mélange de psychologie et de religion.

Je croyais m'en tirer à bon compte, mais l'avocat insiste avec la ténacité caractéristique de sa profession :

— C'est entendu. Mais de quoi ça parle ?

— De beaucoup de choses. Il me faudrait une heure pour les expliquer.

— Vous savez ce que disent les avocats ? Ce qui vaut la peine d'être exprimé peut être résumé en deux phrases.

Je le quittai, très gêné : il pensait sans doute déjà que ce que j'avais écrit n'en valait pas la peine... Et je me suis souvenu qu'à peu près la même aventure était arrivée au Christ. Un homme de loi l'aborde et lui demande de dire en quelques mots quel est son message. Jésus répond :

Tu aimeras le Seigneur ton Dieu de tout ton cœur, de toute ton âme, de toute ta force et de toute ta pensée. Et ton prochain comme toi-même.

Voilà son génie. En quelques mots, la définition du chrétien, tel qu'il devrait être. Malheureusement, on ne comprend pas souvent toute la passion qui se cache derrière ces paroles. Aimer Dieu de tout son cœur, de toute son âme, c'est s'abandonner à lui. Processus très long, très difficile. Longtemps après ma conversion, je n'y suis toujours pas parvenu.

Dans cette période capitale de ma vie qui suivit la lecture des Évangiles et la parution de mon premier livre, je décidais de prendre quelques vacances. Mais seul, pas en famille et pas les doigts de pieds en éventail sur une plage. Me vint alors l'idée saugrenue — je n'étais pas encore chrétien à l'époque — de me retirer quinze jours dans un monastère. J'étais plein de bonnes résolutions : d'abord arrêter de fumer. J'y suis parvenu, du moins le temps de cette retraite ! Et surtout faire le point : quelle attitude adopter si mon livre devenait un succès ? Me lancer dans le grand circuit des conférences, abandonner toute vie privée ou au contraire mettre mon téléphone sur la liste rouge et me retirer au fond des bois ? J'espérais que, dans le silence et la quiétude de ce lieu saint, Dieu m'aiderait à résoudre mes problèmes et mes interrogations.

C'est au travers de mes rêves que j'attendais une réponse. Pour aider le Seigneur, je les notais scrupuleusement dès mon réveil. Mais ce n'était que des images assez simplistes : des ponts, ou des portails. Ça ne me révélait rien de plus que ce que je savais déjà : j'étais à un tournant de ma vie.

Puis une nuit, j'eus un rêve bien plus complexe, dans lequel, apparemment, j'étais spectateur. Cela se passait dans une famille bourgeoise. Le fils aîné, âgé de dix-sept ans, était un garçon doté de toutes les qualités : beau, excellent élève, capitaine de son équipe de foot, et travaillant à mi-temps pour se faire de l'argent de poche. Sa petite amie était adorable. Bref, le gendre idéal. Au volant, c'était un conducteur prudent et responsable. Mais son père ne voulait pas qu'il conduise sa voiture et lui servait de chauffeur pour tous ses déplacements, du

154

lycée à ses soirées entre amis... En plus, il demandait à son fils de lui verser cinq dollars à chacun de ses voyages, comme si le père se prenait pour un taxi. Je me suis réveillé fou de rage contre cet homme monstrueusement dominateur.

Pendant trois jours, j'ai examiné ce rêve sur toutes les coutures. Rien à en tirer. Et j'ai remarqué enfin que, lors de ma transcription, j'avais mis une majuscule au mot « Père ». C'était donc de Dieu qu'il s'agissait ! Et l'adolescent, c'était moi ! Ce rêve était une révélation. Dieu me disait :

— Scotty, c'est moi qui conduis, mais c'est toi qui paies la course !

Jusqu'alors, j'avais considéré Dieu comme un Être parfait et bon. Et voilà que dans ce rêve je lui donnais le rôle du méchant, autoritaire, dominateur. Je n'étais que haine et rage à son égard. Pourquoi cette colère ? Parce que Dieu ne m'apportait pas le message attendu. Je voulais un petit conseil, comme on en demande à son avocat ou à son comptable. Libre à moi, ensuite, de le suivre ou de le rejeter. Mais, ce n'était pas un petit conseil, c'était une grande révélation. Dieu me disait : « Maintenant, c'est moi qui conduis. »

Seize ans après cette révélation, j'essaie de m'en montrer digne, et je tente toujours de me livrer complètement à Dieu, d'apprendre sans cesse l'abandon, cet abandon qui me permet d'accepter avec joie qu'Il soit au volant de ma vie et que je ne sois encore qu'un adolescent.

L'Église et ses péchés

C'est durant cette retraite que j'ai commencé à caresser l'idée de devenir chrétien. Ce n'était pourtant pas une

155

perspective agréable. Passer à l'acte, me faire baptiser me semblait une sorte de mort. J'aimais gérer mon temps comme bon me semblait, or j'avais le sentiment qu'en devenant chrétien, ce temps ne m'appartiendrait plus, qu'il dépendrait de Dieu, du Christ. Et la mort, pour moi, c'était être privé de son temps.

Comme personne n'a envie de mourir, j'ai tergiversé longtemps, cherchant tous les prétextes pour retarder mon baptême. Je me disais qu'il fallait bien réfléchir, bien étudier toutes les religions avant d'opter pour telle ou telle confession : catholique, presbytérienne, luthérienne, méthodiste, baptiste, et j'en passe...

Jusqu'au jour où je me suis enfin rendu compte que je n'avais pas besoin de choisir une confession : le baptême n'est pas une cérémonie confessionnelle. J'ai donc sauté le pas le 9 mars 1980, avec un pasteur méthodiste de Caroline du Nord, dans la chapelle d'un couvent épiscopalien [1] de New York, pour mieux montrer ma volonté de ne pas choisir entre deux cultes particuliers. Depuis, je suis resté fidèle à ce parti pris. Je pense en effet, que chacun peut vénérer Dieu à sa manière. Quand une confession refuse la communion au fidèle d'un autre culte, il s'agit d'un véritable anathème. Moi, je m'affirme libre d'entrer dans n'importe quelle église chrétienne. Je m'y sens chez moi.

Mais le christianisme, toutes tendances confondues, n'est pas une religion comme les autres. Et c'est pour cela que je me suis fait baptiser chrétien à l'âge de quarante-trois ans.

En effet, progressivement, je me suis rendu compte que la doctrine chrétienne avait une meilleure approche

---

1. Épiscopalien : anglican de stricte obédience, contrairement au méthodiste. (*N.d.T.*)

de la réalité de Dieu que les autres grandes religions. Ce qui ne veut pas dire que l'on n'a rien à apprendre de ces dernières. Leurs enseignements sont riches et il est du devoir de tout chrétien d'en puiser la sagesse.

J'ai conscience également que le christianisme a ses faiblesses, ses péchés, dont le pire est l'arrogance, le narcissisme. Le dogme fait croire aux fidèles qu'ils ont Dieu à portée de main, qu'Il leur appartient. Et que les autres, les malheureux adeptes des religions non chrétiennes ne font pas partie des élus. Ce serait un Dieu bien mesquin, celui qui rejetterait ainsi une bonne partie de l'humanité ! Or, Dieu se situe bien au-delà des idées religieuses. Je l'ai déjà répété : personne ne peut posséder Dieu. C'est nous qui sommes à sa disposition. Et rien ne nuit plus au christianisme que de Le considérer comme sa propriété privée.

Je savais, en devenant chrétien et en m'affichant comme tel, que j'aurais à supporter, moi aussi, le poids des péchés de l'Église, dont l'arrogance n'est qu'une part. Je n'oublie pas les crimes de l'Inquisition, de l'antisémitisme dont elle a fait preuve au cours des siècles. Plus récemment, je suis persuadé que si elle avait déclaré le nazisme incompatible avec le christianisme, en le taxant d'hérésie, le cours de l'histoire en aurait été sensiblement modifié.

Autre poids lourd à porter : l'incompréhension d'autrui. Mon épouse Lily en est un bon exemple. Fille d'un pasteur chinois baptiste et conservateur, elle a été élevée dans un foyer où l'on prêchait l'amour et la foi, mais dans un climat de crainte et de suspicion. Après mon baptême, tous les nouveaux concepts positifs qui m'enthousiasmaient étaient pour elle synonymes d'hypocrisie et de danger. Ce fut pour nous une période douloureuse. Puis, petit à petit, j'ai cessé de vouloir la convaincre à tout prix. Alors seulement, elle a compris qu'il existait des différences de stades spirituels, et que le mien n'était pas du tout au niveau de celui de ses parents.

Reste qu'en proclamant ma foi, je m'exposais au rejet et au mépris, la plupart du temps à cause des préjugés vis-à-vis du christianisme. Préjugés tout à fait compréhensibles : ils prennent leur source dans les péchés de l'Église.

J'ai ainsi été récusé par nombre d'adeptes du New Age qui me jugent trop conservateur. Mais j'ai été également rejeté par les chrétiens du stade deux qui ont même barré l'accès à mes conférences en me déclarant « Antéchrist ». Moi qui pensais ne jamais être modéré en quoi que ce soit, me voilà chrétien centriste ! Après tout, cela me plaît, même si cette situation est loin d'être de tout repos et exige une tension permanente.

C'est « la voie du milieu », comme disent les bouddhistes. Le Bouddha avait d'abord choisi deux chemins opposés : celui de l'étude, puis celui de l'ascétisme. Enfin, il prit celui du milieu. Mais ce n'est qu'après avoir longtemps jeûné qu'il s'est assis sous l'Arbre et a atteint l'illumination. On voit parfois des représentations du Bouddha très décharnées. L'art chinois, en revanche, le montre souvent bien dodu, l'embonpoint étant pour eux signe de prospérité. Mais, dans la plupart des cas, ses statues se situent entre ces deux extrêmes, ni gros ni maigre.

La vie après la mort

Ainsi, c'est le bouddhisme qui m'a aidé à mieux me situer dans la religion chrétienne. Toutefois, j'ai beaucoup de mal à accepter l'un de ses grands principes : la réincarnation. Ça ne veut pas dire que je n'y crois pas, ça veut dire que je ne sais pas.

Un psychiatre, le Dr Ian Stevenson, a fait de passionnantes recherches sur le sujet, par l'intermédiaire de l'hypnose. La méthode n'a pu autoriser l'hypothèse des vies antérieures qu'à travers sept cas fort intéressants. Qu'un homme aussi fiable et rigoureux que le Dr Stevenson croie en la réincarnation, c'est vraiment à prendre au sérieux. Je reste toutefois méfiant à l'égard d'une doctrine qui se flatte d'expliquer toute chose, ce qui est le cas de la réincarnation, du moins mal utilisée.

Un autre concept me séduit beaucoup plus, celui de « vieilles âmes », exposé par William James dans son livre *Les Variétés de l'expérience religieuse*. Il affirme que certains individus semblent naître avec une telle connaissance de la vie qu'ils donnent l'impression d'avoir déjà vécu. De fait, j'ai parfois vu des enfants dotés d'une sagesse exceptionnelle.

La réincarnation reste donc une éventualité, mais je préfère m'en tenir au concept chrétien de la vie après la mort, avec le paradis, le purgatoire et l'enfer. À cette exception près que je trouve gênante l'idée de la résurrection des corps. Je sens plutôt le mien comme une entrave et je serais ravi de m'en libérer. Je préfère croire que l'âme existe indépendamment et qu'elle peut évoluer hors de notre carapace. Les témoignages sur la mort imminente dont j'ai parlé plus haut semblent abonder dans ce sens.

Le purgatoire est une notion spécifiquement catholique, mais il séduit beaucoup le psychiatre que je suis, et je l'accepte volontiers. Je l'imagine comme un hôpital psychiatrique, parfaitement conçu et équipé des techniques les plus en pointe. On y passe une convalescence sans souffrance supervisée par Dieu lui-même.

Ma vision de l'enfer, elle non plus, n'est pas très... orthodoxe. Elle m'a été inspirée par le grand romancier chrétien C.S. Lewis dans son roman *L'Autobus du paradis*. C'est l'histoire d'un groupe de damnés, vivant dans une ville misérable et triste du centre de l'Angleterre : l'Enfer. Ces malheureux réussissent à monter dans un bus ; direction : le paradis. C'est un endroit lumineux, joyeux, agréable à vivre. Ils sont accueillis à bras ouverts par leurs anciens amis et leur famille. Tous décident de rester, sauf un qui retourne en enfer. Pourquoi ? Je ne vais pas raconter toute l'œuvre, mais je vais faire une synthèse de plusieurs personnages. La synthèse en question, donc, est accueillie au paradis par son neveu. Cet oncle est d'abord très surpris de le voir ici, car il estime que ce neveu ne l'a pas mérité. Puis le damné lui dit :

— Je vais peut-être rester. C'est un endroit charmant. Tu sais que j'étais prof d'histoire, de mon vivant. Y a-t-il des universités au paradis ?

— Oui, mon oncle.

— Je pourrais donc être titularisé ?

— Tout le monde est titularisé au paradis.

— Quoi ? Vous ne faites pas la distinction entre les gens compétents et les autres.

— Tout le monde est compétent au paradis.

Le vieux prof s'obstine encore :

— J'étais président du département d'histoire, sur terre. Je pense qu'il en sera de même ici.

— Désolé, mon oncle, mais il n'y pas de président au paradis. Tout le monde est responsable. Pas de hiérarchie, que du consensus.

Alors l'oncle, indigné, remonta dans le bus pour l'enfer.

J'ai exactement la même vision de l'enfer que Lewis. Les portes y sont grandes ouvertes. On peut en sortir quand on veut. Et si on reste, c'est qu'on a choisi de ne pas partir. Je n'arrive pas à me soumettre à l'idée chrétienne d'un dieu qui punirait sans laisser le moindre espoir, d'un enfer qui détruirait les âmes, sans possibilité de rédemption.

Dieu, expert en rendement

Je vois mal Dieu détruire des âmes qu'il aurait eu tant de mal à créer. Cela ne colle pas avec son insondable efficacité, son extraordinaire souci du rendement.

Dans un petit livre que j'avais lu vers l'âge de douze ans, *Treize à la douzaine* d'Ernestine et Franck Gilbreth, il était question d'un autre « expert au rendement ». Un père de famille nombreuse travaillait dans une entreprise. Il était obsédé par la recherche d'une meilleure rentabilité. Et il appliquait avec succès ses méthodes de travail à ses douze enfants. Je me suis dit alors que, lorsque je serais grand, je serais moi aussi « expert en rendement ». Au fond, d'une certaine manière, je le suis devenu en tant que psychiatre, en aidant les gens à gérer mieux leur vie, et dans mon travail en faveur de la Communauté, en collaborant à l'efficacité des groupes. Dans mes livres aussi, peut-être...

Mais je sais aussi saluer ceux qui font preuve d'efficacité. Devant Dieu, je suis béat d'admiration. C'est le plus grand expert en rendement de l'univers.

J'ai pu constater son immense efficacité en 1982. J'avais accepté, pour une petite somme, de donner une conférence et d'organiser un atelier lors d'un congrès de Mormons, dans leur capitale, Salt Lake City. Très bonne occasion pour moi d'approfondir mes connaissances sur cette confession. J'y ai rencontré des gens extrêmement sympathiques qui devinrent des amis. Bref, un séjour très positif.

Trois jours après mon retour dans le Connecticut, coup de téléphone d'une femme qui prend rendez-vous avec moi. C'était une Mormonne ! Elle ne savait absolument pas que je revenais de Salt Lake City. Par ailleurs, les Mormons sont très rares dans le Connecticut. C'était la première fois que j'en avais une comme patiente. En fait, très attachée à ses convictions, elle ressentait pourtant sa religion comme un lourd fardeau et me demandait de l'aider à résoudre ce conflit intérieur. Grâce à ma connaissance toute fraîche de ses coreligionnaires, j'ai pu lui être d'un vrai secours. Je me suis demandé si ce n'était pas une puissance supérieure qui m'avait envoyé à Salt Lake City pour être en mesure de travailler efficacement avec cette femme à mon retour. Et je me suis senti éperdu d'admiration pour Dieu et l'efficacité avec laquelle il avait combiné les choses.

Au fil des ans, ma femme et moi avons planté un très joli jardin d'agrément. Et je n'ai aucune envie de le passer au bulldozer. Les âmes humaines, c'est le jardin de Dieu. Il l'a planté avec son efficacité coutumière. Pourquoi ferait-il disparaître ces âmes à tout jamais en enfer ?

Les maisons du paradis

On m'a traité de théologien amateur. En somme, je parlerais de Dieu sans savoir. Peut-être, mais je sais en tout cas que les théologiens professionnels sont tous d'accord sur un point : Dieu aime la diversité. Il suffit de s'asseoir dans la nature par un après-midi d'été pour le comprendre. Tous ces insectes, toutes ces plantes que l'on regarde à l'œil nu, au microscope ou à la jumelle !

Examinons de la même façon l'espèce humaine : des blancs, des noirs, des jaunes, des rouges, des grands, des petits, des hommes, des femmes, des chrétiens, des juifs, des hindouistes... Comment ne pas être béat devant une telle diversité ? Et que le monde serait triste s'il n'y avait que des Américains blancs protestants et entre deux âges !

Puisqu'Il aime tellement la diversité, il est difficile d'imaginer que Dieu a créé le paradis comme l'imagerie médiévale le montrait : des chérubins qui ont l'air de clones, avec leur harpe de série et leur auréole en prêt-à-porter, bien assis sur leur petit nuage rose !

Dans la maison de mon père, il y a beaucoup de maisons. Jadis j'imaginais que cette phrase souvent prononcée dans les messes d'enterrement était une image pour expliquer que le paradis était immense. Aujourd'hui, je crois qu'il ne s'agit pas forcément de sa taille, mais de sa diversité. Oui, il y a toutes sortes de maisons au paradis, des grandes et des petites, en bois ou en pierre, dans un vallon ou sur une colline... Mais je ne sais rien d'autre. Tout ce que j'ai dit sur l'enfer, le purgatoire et le paradis relève de la théologie spéculative. Nous ne saurons la vérité que quand nous serons libérés de notre corps par la mort.

Je suis avant tout un homme de science. Et comme tel, j'ai l'esprit empirique. Je dis donc que le meilleur chemin vers la connaissance passe par l'expérience. Et c'est à travers les expériences de ma vie, expériences marquées par la grâce, que j'ai pu acquérir le peu de connaissance que j'ai de Dieu.

Un jour, alors qu'il était déjà très vieux, on posa la question suivante à ce grand scientifique qu'était Carl Jung :

163

— Beaucoup de vos écrits ont une connotation religieuse. Croyez-vous en Dieu ?

Devant les caméras, Jung tira sur sa pipe, puis, comme s'il réfléchissait tout haut :

— Croire en Dieu ? Eh bien, nous utilisons le mot « croire » quand nous pensons que quelque chose est vrai. Or, nous n'avons pas, jusqu'à présent, de preuves de son existence. Non, je ne crois pas en Dieu. Je sais qu'il y a un Dieu.

10

L'esprit et la matière

Dans un magazine américain, *US News and World Report*, on a pu lire, il y a quelques mois, le paragraphe suivant : « Il y a de nos jours une grande soif de spiritualité, une insatisfaction lancinante vis-à-vis des réponses fournies par le matérialisme et le progrès scientifique. C'est un grand désir de vie intérieure. »

Cet article de cinq pages était consacré au regain d'intérêt des Américains pour Carl Jung, plus de trente ans après sa mort. L'article se terminait en expliquant que Jung représentait la parfaite union entre psychologie et spiritualité, entre science et religion.

Certains ont affirmé que *Le Chemin le moins fréquenté* était de la vulgarisation des théories jungiennes. Ce n'est pas faux, et cela peut expliquer son succès. Il est paru au moment où l'« insatisfaction lancinante » évoquée par le journal cité ci-dessus commençait à se faire sentir. J'ai été, quant à moi, surpris de ce succès. Il me semblait que je n'avais pas dit grand-chose de nouveau. Je ne faisais que répéter ce que Jung et William James avaient formulé bien avant moi. Mais en fait, peu de gens, hormis les spécialistes, avaient entendu ce qu'ils avaient dit. Maintenant, on était prêts à écouter. On avait changé.

Ce succès de librairie était surtout flagrant dans les

quartiers religieux. Et c'est de ces quartiers-là que me parvinrent les premières invitations à donner des conférences. Ce qui était surprenant. Il ne me semblait pas du tout avoir émis de thèses fondamentalistes, tant s'en faut ! Puis j'ai fini par comprendre, en les rencontrant, que ces gens qui passaient leur vie dans un environnement bigot, voire intégriste, conservaient malgré tout l'amour de Dieu et leur spiritualité. Ils en avaient assez des croyances simplistes où tout est noir ou blanc. Ces gens ressentaient le besoin de combler le fossé entre une science trop matérialiste et une religion rigide et dogmatique.

Il y a bien longtemps que ce fossé existe, même quand la psychologie n'existait pas encore.

Au début, science et religion se retrouvaient dans un ensemble appelé « philosophie ». Platon, Aristote et plus tard saint Thomas d'Aquin étaient aussi des hommes de science. Leur pensée philosophique procédait de la même démarche : ils élaboraient des hypothèses, cherchaient des preuves... Mais ils restaient persuadés que la Divinité était une réalité essentielle.

Puis, au fil des siècles, les relations entre la science et la religion se sont peu à peu dégradées. En l'an 1633, le divorce fut brutal : Galilée est convoqué par la très Sainte Inquisition. Cet acte eut d'immenses conséquences, une véritable rupture dans l'histoire de la pensée : la science moderne est née de cette séparation avec la métaphysique et la religion. D'autres divorces viendront par la suite, entre l'État et la science, l'État et la religion.

Un contrat obsolète

Cette séparation entre État, religion et science s'est faite au fil des siècles, de manière inconsciente, pour aboutir à une sorte de contrat non écrit qui a joué un rôle primordial dans le développement des trois parties en présence. On peut même le considérer comme un des plus grands événements intellectuels de l'histoire de l'humanité. Avec la disparition de l'Inquisition et de ses horreurs, l'Église retrouva peu à peu une part de son rôle spirituel, l'esclavage fut aboli, la démocratie gagna du terrain, et la science, limitée aux phénomène naturels, se développa rapidement pour donner naissance à notre révolution technologique, révolution qui va jusqu'à ouvrir la voie à une culture planétaire.

Mais le contrat, lui, ne fonctionne plus. De bénéfique, il est devenu diabolique. J'entends « diabolique » au sens étymologique : du grec « diabolos », qui désunit, le contraire de symbolique « sumbolon » qui réunit. Eh bien, désormais, ce contrat de séparation entre science, État et religion nous désunit, nous divise.

Danger, cloisonnement

Dans les années soixante-dix, alors que, vêtu d'un bel uniforme, je travaillais pour l'armée, je m'interrogeais très sérieusement sur le bien-fondé de la guerre du Viêt-nam. Et pas moyen de trouver un interlocuteur dans tout le Pentagone. Au service du matériel on me disait que ce n'était pas leur problème et que leur seule préoccupation c'est que le napalm expédié là-bas soit de bonne qualité. Et on me renvoyait à l'état-major. Qui me renvoyait à la Maison-Blanche. Le Pentagone tout entier n'avait, selon eux, absolument, aucune responsabilité dans la guerre du Viêt-nam.

Ce cloisonnement des responsabilités, on peut le retrouver dans n'importe quelle grande organisation et jusque dans les Églises elles-mêmes. Lorsqu'une institution devient gigantesque et compartimentée, sa conscience est tellement fragmentée, dispersée, qu'elle disparaît. L'institution devient alors maléfique.

Le même phénomène se produit aussi chez l'individu. Combien d'hommes qui vont à la messe le dimanche, y proclament leur amour en Dieu et sa création, mais qui, le lundi, au travail, acceptent sans état d'âme de rejeter les produits toxiques de leur entreprise dans la rivière ? Ça ne les gêne absolument pas. Dans leur tête, le compartiment « religion » est parfaitement bien séparé du compartiment « travail ». Une attitude confortable, mais malhonnête.

Le mot « intègre » signifie à la fois « honnête » et « en entier ». Ce n'est pas par hasard si « intégrité » et « intégration » sont à l'origine le même mot. L'intégration, c'est rentrer dans un ensemble pour former un tout, une communauté. Exactement le contraire de ces compartiments dont je parlais. Sans intégrité, on ne peut pas s'intégrer, se réunir. L'unité est impossible. Et cette intégrité demande une réceptivité totale aux forces et aux idées conflictuelles, ainsi qu'aux tensions et aux crises de la vie.

Un des meilleurs exemples de conflit, c'est le débat autour de l'avortement. Et je dois dire que j'ai eu du mal à trouver une solution « intègre ». Il s'agit d'abord de ne pas tomber dans une querelle de date en se demandant à quel moment commence la vie : première semaine, premier mois, premier trimestre de grossesse ? C'est une manière de dérobade. Admettons une fois pour toutes que la vie commence à la conception et donc que toute interruption de cette vie, c'est donner la mort.

Mais une fois qu'on a dit ça, on ne tient pas compte de la mère, de l'environnement social, du père aussi...

168

Nombre de femmes auraient leur vie gâchée si elles avaient mené leur grossesse à terme, quitte à abandonner leur enfant où à l'élever sans en avoir les moyens. Il n'y a pas de réponse simpliste, unilatérale, du genre « Interdit d'avorter », ou « jusqu'à quatre semaines, mais pas au-delà ».

Quand on se trouve face à une solution proposée pour un problème social, il faut toujours se demander quel aspect n'a pas été pris en compte. Dans le cas d'une loi interdisant l'avortement, cet aspect est facile à trouver : en leur imposant de garder le bébé, la loi enlève aux parents toute responsabilité. Plus personne n'est responsable. Comme au Pentagone lors de la guerre du Viêtnam. Une loi anti-avortement ainsi formulée manque d'humanité, d'intégrité.

Pourrons-nous dire un jour « Tu n'avorteras point » en toute intégrité ? Je l'espère. Mais cela ne pourra se produire que dans le sein de la communauté telle que je l'entends. Si l'avortement doit quand même avoir lieu, la communauté supportera ensemble la culpabilité. S'il n'a pas lieu, elle prendra sa part de responsabilité financière et psychologique tant auprès des parents que de l'enfant. On est encore très loin de ce genre de comportement, l'esprit communautaire n'étant pas encore assez développé. En attendant, une politique simpliste anti-avortement représente une grave régression qui nous ramènerait quarante ans en arrière quand les unes pouvaient se payer un voyage en Suède ou en Angleterre alors que pour les autres, les plus pauvres, il ne restait que d'horribles et dangereux bricolages...

Un mode de pensée intègre, c'est envisager d'abord toutes les données du problème posé. À condition d'être prêt à supporter la souffrance que cela implique, il faut se demander ce qui n'a pas été dit, ce qui manque. Alors tôt ou tard, on finit par s'apercevoir qu'à un certain niveau, *chacun* est responsable de *tout*.

Le cloisonnement en psychiatrie

Qu'est-ce qu'on ne dit pas ? J'ai commencé à me poser cette question pendant la guerre de Corée. J'avais quatorze ans. J'adorais ramasser chaque matin le *New York Times* devant la porte, pour savoir combien de Mig nous avions abattus la veille. Nos innombrables victoires et nos petites pertes étaient dues, disait le journal, à la supériorité des avions américains sur les russes, et à celle de nos pilotes sur leurs homologues chinois et nord-coréens, mal nourris, mal entraînés. Bref, toujours selon le *New York Times*, la Russie et la Chine étaient deux pays sous-développés, tant intellectuellement que technologiquement. Puis, comme au fil des mois, les statistiques ne bougeaient pas, j'ai quand même fini par me demander comment des pays aussi en retard pouvaient construire autant de Mig en si peu de temps...

Autre expérience analogue, quand j'étais étudiant. J'ai découvert un livre de Ayn Rand, un gros roman prônant l'individualisme à tout crin, et l'égocentrisme outrancier. Quand j'ai refermé le livre, quelque chose me gênait. J'ai su quoi quelques jours plus tard : dans les mille deux cents pages de cette saga, pas le moindre enfant. Si elle en avait esquissé un, toutes ses thèses s'effondraient. Car l'enfant a toujours besoin des autres, contrairement aux personnage de ce roman.

Toutes les leçons reçues au cours de mes années de formation ont pris leur véritable signification quand je suis devenu psychiatre, quand j'ai appris que ce que dit un patient est moins important que ce qu'il tait. S'il parle librement du présent ou de l'avenir, on peut être sûr qu'il a un blocage au niveau de son passé. S'il n'arrive pas à évoquer sa situation présente, c'est qu'il ne sait pas la gérer. Enfin, quand il a un mal fou à parler de son futur, c'est qu'il a un problème avec l'espoir et la foi.

La psychothérapie, elle aussi, ne doit pas se créer des compartiments. Et elle échoue si elle ne prend pas en compte l'ensemble des données. Parmi ces données, il y a les valeurs morales. Lorsque j'étais interne, mes professeurs m'enseignaient que la psychiatrie était une science pure et qu'il ne fallait pas faire intervenir la moindre connotation éthique dans le traitement. Car, me disait-on, on aurait risqué alors d'imposer ses propres valeurs morales au patient.

Un bon thérapeute, répétait l'un de mes professeurs, et parmi les plus brillants, doit expliquer à ses visiteurs qu'il ne doit pas s'ériger en juge. J'ai consciencieusement appliqué cette leçon à mes premiers patients. Grave erreur ! car s'ils entreprenaient cette démarche ô combien courageuse de suivre une thérapie, c'était précisément parce qu'ils savaient qu'ils ne pourraient avancer qu'en se soumettant à un jugement.

Une psychothérapie sans morale n'existe pas. Ou du moins reste inopérante. Un thérapeute ne peut pas rester objectif. Il a toujours son propre système de valeurs et, inconsciemment, il l'inocule à son patient. La plupart du temps, cette éthique qu'il professe est un humanisme dénué de sens religieux. Elle met l'accent sur les préoccupations matérielles, terrestres, et élimine les préoccupations spirituelles. Je n'ai aucune intention de dénoncer ce système de valeurs. Il est, le plus souvent, parfaitement efficace. Et ceux qui le critiquent ou qui l'attaquent feraient bien de se conformer un peu plus aux idées que ces psychiatres professent.

À commencer par les enseignements de Freud. Ses valeurs étaient celles d'un athée humaniste. Il définissait la santé mentale en termes d'amour, de travail et de réflexion. Savoir aimer, apprendre à travailler, réussir à réfléchir. Il n'y a rien à redire à ce système de valeurs, à cette morale qui peut guérir six malades sur dix. Mais les autres...

J'ai largement évoqué les alcooliques. Eux, cela ne leur suffit pas. La preuve ? Les AA obtiennent avec eux de bien meilleurs résultats car, contrairement à la psychothérapie ordinaire, ils répondent à leurs profonds besoins spirituels, ce que refuse le freudisme.

Pourtant les idées, les concepts d'ordre spiritualo-religieux sont indispensables aux soins de nombreux patients. Et pas seulement aux toxicomanes ou aux alcooliques. C'est le cas aussi pour les phobiques. J'ai constaté, d'expérience, que les gens qui souffraient de phobie, que ce soit pour les chats, le céleri-rémoulade ou le voyage en avion, avaient en fait au fond d'eux-mêmes une phobie encore plus profonde.

Comme cette patiente qui avait une horreur quasi physique de l'eau. Elle ne pouvait pas se baigner dans une rivière, un lac, ou dans la mer. En revanche, il lui arrivait de piquer volontiers une tête dans la piscine. Pourquoi ? Parce que, me disait-elle, l'eau y est claire, elle y voit ses pieds, elle sait où elle les pose. Pour la guérir de son hydrophobie sélective, il a fallu que je la convainque que si elle se baignait dans un endroit « naturel », elle ne serait pas seule, sans protection, mais sous le regard divin. Elle voyait auparavant son environnement comme un monde hostile. Je réussis à lui montrer que la nature est moins dangereuse qu'elle ne le pensait.

L'utilisation de concepts religieux, j'entends une utilisation judicieuse, peut faire évoluer très vite la thérapie d'un patient. Ça permet de le « réveiller », c'est-à-dire de le mettre en face de ses problèmes, de la réalité. Ça le réconforte.

Quand, dans mon cabinet, on s'attendrit sur son sort, on geint au lieu de se reprendre en main, je rappelle que Jésus nous a dit de porter notre croix dans la joie. Au contraire, d'autres sont trop durs avec eux-mêmes. Je leur demande de se plaindre de temps en temps, au lieu de se dévaloriser. Et je leur explique que, si le Christ nous a demandé de supporter la souffrance, ce n'était pas en permanence. On a le droit de se plaindre, quand ça fait du bien. Et je cite la phrase de Thérèse de Lisieux : « Si vous êtes disposé à supporter sereinement l'épreuve d'être dur avec vous-même, vous serez un bon refuge pour Jésus. » J'ai connu ainsi un vétéran du Viêt-nam. Il avait tué des enfants pendant la guerre. Et, toutes les nuits, des cauchemars le hantaient. J'ai fini par lui montrer que ces sentiments de culpabilité écrasante, que son profond repentir, aussi, devaient le réjouir au lieu de le tourmenter : il devenait un refuge pour le Christ. Cas extrême. Car, souvent j'avais affaire à des patients qui, tout chrétiens qu'ils étaient, n'éprouvaient aucune culpabilité existentielle. Ils étaient satisfaits d'eux-mêmes, persuadés de faire le bien. Il fallait alors que je les provoque. Et, toujours grâce à sainte Thérèse de Lisieux, je leur demandais de m'expliquer l'expression « supporter sereinement ». Ça les réveillait.

Qu'elles m'ont aidé moi aussi, les paroles de la petite Française ! Et combien de fois je m'en suis servi, surtout pour aider ces malheureux qui n'avaient de cesse que de se battre la coulpe, de se dénigrer, de se dévaloriser :

— Docteur Peck, je me sens tellement inutile. Je n'ai rien fait de bien dans ma vie. Parfois, j'ai eu un peu de chance, mais c'est tout. Qu'est-ce que j'apporte de bien à ma femme, à mes enfants, à l'espèce humaine ? Rien. Et vous, comment vous acceptez de recevoir chaque semaine un pauvre type comme moi ?

« Supporte sereinement », disait avec son intelligence éblouissante cette jeune femme morte à vingt-quatre ans. Mais les dépressifs ne sont jamais sereins. Ils se flagellent en permanence, tels ces pénitents que l'Église catholique soupçonnait jadis, non sans pertinence « d'excès de scrupules ». Excès qui était surtout un péché d'orgueil. Au fond, ces gens pensent : « Dieu me pardonne, mais c'est moi qui me juge. » Derrière la pellicule d'humilité, on trouvera très vite arrogance et narcissisme. Les déprimés, de manière générale, ne perçoivent pas le monde comme les autres. Ils ne peuvent voir que le mauvais côté des choses et jamais le positif.

Je l'ai bien constaté, dans le temps, avec ma femme. Lily a longtemps souffert de dépression nerveuse. Elle combattait héroïquement le mal, mais il a fallu beaucoup d'efforts pour qu'elle en triomphe. Parfois, sa vision du monde était exactement à l'inverse de la mienne. Par exemple, en ce beau matin de mai, moi, j'étais là à me dire :

— C'est le printemps ! Enfin ! l'herbe est verte, il y a des bourgeons sur les branches. C'est beau tout ça. Tiens, la façade a besoin d'un bon coup de peinture. On verra ça plus tard... Finalement, ça lui donne un petit côté vieillot très sympa.

Alors, sans même que je lui aie exprimé mes sentiments, Lily soupirait :

— Quand donc le jardinier va-t-il se décider à tondre la pelouse ? Tiens, les outils sont restés dans le jardin toute la nuit... Les peintures s'écaillent, la maison a l'air d'une ruine...

Deux personnes, au même endroit, et deux visions des

174

choses radicalement opposées. Traiter les dépressifs, c'est leur apprendre une autre manière de voir le monde, en les aidant à trouver toujours ce qui est positif, pour qu'ils comprennent qu'une peinture qui s'écaille sur la façade, ça peut être très joli.

L'une des plus belles phrases écrites sur la dépression nerveuse fut rédigée par un mystique musulman du XIIᵉ siècle, Jalalu'I-Din Rûmi, dont la pensée s'approche souvent de celle du Christ : « Ta mélancolie est due à ton insolence et à ton refus de rendre grâce. » Insolence, ou orgueil, ou narcissisme, on peut traduire cela comme on veut.

Dépression et fantasmes

Parmi les dépressifs, j'ai souvent rencontré des cas que j'appelle « le petit prince » ou « la princesse », parce que, quand ils étaient enfants, ils s'imaginaient, fantasme courant, que leurs vrais parents devaient être un roi et une reine ou un couple de milliardaires.

Grâce à un autre praticien, la première de mes « princesses » avait déjà beaucoup progressé dans sa thérapie quand elle est venue me voir. Elle voulait, avec moi, aller un peu plus loin. Au bout d'un an de thérapie, elle était en train d'évoquer un problème sérieux et complexe qu'elle avait avec ses enfants quand soudain, elle eut cette phrase :

— Je serai vraiment contente quand cette thérapie sera terminée.

Un peu interloqué, je lui demandai la raison de cette remarque.

— C'est simple, dit-elle. Quand j'aurai fini, je n'aurai plus à me torturer l'esprit avec tous ces problèmes.

C'était le type même du fantasme que l'on rencontre souvent chez le petit prince et la princesse. La psychothérapie, pensait-elle, allait supprimer tous les obstacles.

Je me permets de revenir un peu en arrière dans le cas de cette femme. Commençons par un petit résumé de la psychologie enfantine. Le travail du bébé, dans les premiers mois, est de distinguer ce qu'on appelle « les frontières de son ego ». Avant, il n'arrivait pas à faire la différence entre son corps et celui de sa mère. Il a mal au ventre, sa mère aussi, et le monde entier également. Vers l'âge de deux ans, il réussit enfin à distinguer ces frontières physiques. Mais ce qu'il ne connaît pas encore, ce sont les limites de son pouvoir : il se croit le centre de l'univers ; ses parents, ses frères, ses sœurs ne sont que ses serviteurs. Et c'est pendant cette période que les parents commencent à poser les interdits, à dire « non ». L'enfant se croyait général, il n'est que simple soldat. Pas étonnant alors que cette période soit tellement difficile à vivre ! Grâce à la compréhension des parents, à leur soutien, il sortira vainqueur de cette épreuve et pourra abandonner une bonne part de son narcissisme. Mais ça ne se passe pas toujours ainsi.

La femme en question, « la princesse » qui espérait ne plus avoir de problèmes à résoudre, avait grandi entre des parents d'une terrible sévérité. Vers l'âge de trois ou quatre ans, quand elle faisait une bêtise, elle subissait sa punition selon un rituel immuable. Elle devait aller chercher un martinet accroché à un mur, l'apporter à son père, baisser sa culotte et se pencher en avant. Son père la fouettait jusqu'au moment où il estimait qu'elle avait assez souffert et pleuré. Elle allait alors replacer le martinet à sa place et se réfugiait auprès de sa mère dont la « mission » était de la consoler. Après quoi, elle devait se mettre à genoux et, à voix haute, prier Dieu de lui pardonner. C'était à la mère d'estimer la quantité et la qualité de la prière. Quand c'était fini, la petite retournait vers son père pour lui demander pardon. Le rituel s'arrêtait là, jusqu'à la prochaine fois. Charmant...

Et pourtant, les enfants survivent à ce genre de traitement. Ils trouvent des trucs, des bouées de sauvetage, ils s'accrochent à leur impuissance infantile, à leur narcissisme. Une réaction qu'on peut appeler « le conte de fées familial ». Ma patiente s'était dit, comme beaucoup d'autres enfants dans le même cas :

— Il est impossible que ces gens soient vraiment mes parents. Je suis la fille d'un roi. Un jour, mon auguste géniteur viendra me chercher. Il me sauvera.

Un tel fantasme aide les enfants à supporter les pires sévices, les pires humiliations. Mais le grand chambellan qui devra les mener au palais ne viendra jamais. Et puis, avec l'âge, ils oublient ce fantasme, ils le refoulent au tréfonds de leur inconscient. Ce qui reste, c'est qu'ils demeurent persuadés que personne ne les reconnaît à leur juste valeur. D'où la dépression. Mais aussi une incapacité de voir les réalités. Ils sont persuadés que rien ne peut leur arriver de mal. Leur royal papa va les sauver un jour : ce qui est négatif, ça doit leur être épargné. Ce qui est positif, ça leur est dû : ne sont-ils pas de sang princier ?

Il existe un fantasme encore plus courant que celui du « petit prince », mais qui s'en rapproche par bien des points. Le célèbre psychiatre brésilien Norbeto Keppe l'a appelé fort pertinemment la « théomanie ». C'est-à-dire l'illusion que nous, humains, pouvons assumer le rôle de Dieu. Un de mes patients, il y a une dizaine d'années, en était atteint. C'était un chef d'entreprise de quarante ans, fort croyant. Appelons-le Joe Jones. Il était alors associé à des hommes d'affaires sans scrupule qui le poussaient à vendre son usine grâce à des magouilles douteuses. De quoi être très mal l'aise. Lui était carrément paniqué. Pour tenter de le réconforter, je lui dis un jour :

— C'est évident que vous faites de votre mieux. Vous ne pouvez pas faire mieux.

— Le mieux que je puisse faire ne sera jamais assez bien pour Joe Jones ! me répliqua-t-il sèchement.

Je ne compris pas le sens de sa réponse. Il s'expliqua :

— Je veux dire que le tout n'est pas de faire de mon mieux dans mon travail. Ma mission est d'abord de maintenir l'entreprise en vie.

Cette fois, ça devenait clair. C'était de la « théomanie » pure et simple. Je venais de comprendre que ce qui pouvait arriver de mieux à Joe Jones, c'était la faillite de l'entreprise. Je le lui dis d'ailleurs, en précisant que c'était vraisemblablement la volonté de Dieu. Nous sommes tous des acteurs d'une pièce céleste, merveilleusement complexe. Tout ce que nous en comprenons, ce sont quelques aperçus. Nous cherchons la meilleure manière d'y tenir notre rôle. Pour le reste, c'est Dieu l'auteur, Dieu, le metteur en scène. Mais Joe Jones voulait aussi en être le meilleur acteur, et le scénariste.

Nous sommes tous comme Joe Jones. Nous souffrons tous de théomanie. Nous rêvons sans cesse d'écrire le scénario de notre vie. Et ça nous rend furieux quand ça ne se passe pas comme nous l'avons écrit. Il est tellement difficile d'admettre que rien n'arrive comme nous l'avions voulu. Et, souvent, nous sommes incapables de nous adapter à ce bouleversement dans la fable que nous avions imaginée. Cette incapacité nous empêche d'évoluer. Ou alors, il faut finir par admettre ceci : la vie, c'est ce qui se produit alors qu'on avait prévu autre chose. Dieu merci !

11

À propos du New Age

Nos civilisations occidentales connaissent, depuis quelques décennies, une nouvelle flambée d'intérêt pour les philosophies orientales : on connaît le succès d'ouvrages comme *Le Livre tibétain des Morts*, par exemple. On a pu se rendre compte aussi du développement de sectes en tout genre. Cet engouement montre une profonde aspiration vers la spiritualité, la quête de poteaux indicateurs sur le chemin du désert. Il montre aussi que nos religions traditionnelles ne parviennent pas toujours à satisfaire ce besoin en faisant trop souvent passer le dogme pour de la spiritualité.

Cet attrait pour les philosophies orientales n'est pas nouveau, mais récemment un mouvement né aux États-Unis et s'étendant maintenant à toute l'Europe de l'Ouest l'a popularisé : le New Age. On me demande souvent ce que j'en pense. Le New Age est-il ou non une bonne chose ? Et je réponds par une autre question :

— À votre avis, le New Age favorise-t-il l'intégration, c'est-à-dire la communauté, ou la division ?

Et je fais comme ce professeur de philosophie à qui un de ses élèves demandait :

— Le paradoxe se trouve-t-il au cœur de toute vérité ?

Et qui répondait :

179

— Oui et non.

Le New Age, communauté ou division ? Oui et non.

Pas de conspiration du Verseau

Le terme « New Age », le nouvel âge, a sans doute été mal choisi : Les croyances et les idées de ses adeptes ont toujours existé, sous d'autres désignations. En même temps, c'est vrai qu'il est « nouveau » dans la mesure où un nombre croissant d'individus se tournent vers ces modes de pensées. Il ne s'agit d'ailleurs pas d'un mouvement organisé et structuré.

Pourtant certains chrétiens intégristes, mais non intègres, ont déclaré partout qu'il s'agissait d'une conspiration satanique. Dans son célèbre livre *The Aquarian Conspiracy*[1], titre plein d'ironie, Marilyn Fergusson a démontré clairement qu'il n'y avait dans tout cela pas le moindre complot. Comme tout mouvement intellectuel d'importance, le New Age est né d'une réaction aux défauts, aux vices institutionnels de la civilisation occidentale. Je les aborderai un à un, mais sans perdre de vue qu'ils sont tous interdépendants. Ces défauts ne sont d'ailleurs pas tous exclusivement occidentaux. Le pouvoir mâle, par exemple, est bien plus pesant en Orient que chez nous. Mais le New Age s'attaque au sexisme dans l'entreprise, la religion, la politique, le vocabulaire. En tout cas le fait est que ce mouvement de fond, qui touche surtout les classes moyennes ou aisées, n'est pas réformiste : il est révolutionnaire.

Le principal point commun de toutes les tendances

---

1. « La conspiration du Verseau. » Ouvrage publié en français sous le titre *Les Enfants du Verseau*. (*N.d.T.*)

New Age est donc de s'écarter des religions occidentales, judaïsme ou christianisme. Ils cherchent à puiser leur spiritualité dans le bouddhisme, le taoïsme, l'hindouisme et même les anciens cultes des Indiens d'Amérique du Nord ou de nouvelles confessions exclusivement féministes. Ce rejet global du judéo-christianisme va même jusqu'à incorporer toutes sortes d'hérésies, de concepts ésotériques, comme l'astrologie, la projection astrale, les corps éthériques, simplement parce que ces idées ont été condamnées, tout au long de l'Histoire, par les Églises occidentales. La responsabilité de nos religions traditionnelles est grande en la matière : l'intolérance qu'elles ont toujours montrée vis-à-vis des autres croyances, cette arrogance, comme je l'ai dit plus haut, ce narcissisme, donc ce manque de spiritualité rend l'intégration des autres extrêmement difficile.

Rejet du judéo-christianisme, le New Age est aussi une réaction contre les lacunes de la science. Ou du moins contre ses résultats : la technologie. La science moderne, en effet, nous a conduits à une spécialisation excessive qui, à son tour, engendre une technologie dénuée d'humanité. C'est flagrant en particulier dans le domaine médical. Il suffit de passer un bref séjour dans un hôpital de pointe pour s'en rendre compte : les personnels soignants ne sont plus que des techniciens au service de la machine et non du malade.

Les adeptes du New Age se sont donc détournés de cette médecine occidentale déshumanisée pour, là encore, faire appel à l'Orient, à l'acuponcture, aux chakras, au shamanisme, etc. Ce refus de la spécialisation et de la technologie à outrance a provoqué certaines conséquences extrêmement bénéfiques : le recours à la culture physique, la redécouverte de la médecine par les plantes, l'idée des soins à domicile, le très bon concept de médecine globale et l'ouverture de nombreux « hospi-ces[1] ».

L'aspect social, politique et économique dans le New Age n'est pas non plus à négliger. C'est une dénoncia-tion des tares de la société capitaliste et impérialiste moderne, avec son cortège d'exploitation de l'homme par l'homme et la destruction de l'environnement. On ne peut qu'applaudir à un mouvement pour la paix, la tolérance, l'acceptation des différences, et qui met en avant la conscience écologique, l'équilibre avec la nature. Une ouverture aux idées nouvelles extrêmement positive, elle aussi.

Mais ce rejet et cette dénonciation des tares et des lacunes des civilisations occidentales portent en germe un très grand danger. C'est peut-être le seul risque du New Age, mais il est gigantesque. Il arrive souvent dans notre vie que, quand nous rejetons quelque chose de mauvais, nous tombons dans l'excès inverse, qui est peut-être encore plus mauvais. On lâche en quelque sorte la proie pour l'ombre, ou, comme disait mon grand-père, on jette le bébé avec l'eau du bain. C'est ce que les psychiatres appellent : la formation réactionnelle.

J'en ai moi-même été victime. Mon père était magist-rat. Et il n'arrivait pas, dans la vie quotidienne, à se défaire de ses déformations professionnelles. C'est ainsi que, si par malheur un guichetier ou un garçon de café commettait une petite erreur, il se lançait dans de vérita-bles réquisitoires, et accablait le malheureux pendant un bon quart d'heure. Un jour où il se donnait ainsi en spec-tacle, je me sentis tellement honteux que je jurai de ne jamais reproduire ce genre de comportement. Et, très tôt, j'ai appris à ne jamais piquer la moindre colère en

---

1. Voir note p. 58.

public. Je me contenais en permanence, ce qui eut pour effet d'augmenter ma tension. Par ailleurs, mon entourage me trouvait froid, insensible, distant. Ce n'est qu'après ma propre thérapie que je compris que j'avais jeté le bébé avec l'eau du bain : en condamnant les colères spectaculaires et injustifiées de mon père, je m'étais interdit toute forme d'indignation en public. Pourtant, ces manifestations sont parfois normales, nécessaires. Or, j'étais allé trop loin dans le sens contraire. Il me fallut beaucoup d'efforts pour réussir à exprimer mon indignation quand elle me semblait bonne. Le tout était de ne pas en abuser, d'éviter les excès sans raison. Et ma tension a baissé, on a commencé à me trouver moins froid et moins distant.

Le New Age a sombré dans cette formation réactionnelle. Je pense, par exemple, à une des ses mouvances, ultra-féministe, qui s'acharne à chasser du vocabulaire tout mot qui aurait le moindre relent de machisme. Non seulement, c'est ridicule, mais en plus ça empoisonne la vie et les rapports humains. Il m'est arrivé de donner une conférence devant ce mouvement féministe radical et, à force de surveiller mon langage, je n'ai pas pu mettre un mot devant l'autre, menacé d'être conspué à la moindre incartade.

Mais le New Age, par opposition aux traditions judéo-chrétiennes, a surtout donné naissance à une grande confusion religieuse.

De plus en plus, dans les grandes villes américaines, fleurissent ce que j'appelle « des supermarchés spirituels ». Ce sont des centres qui organisent toutes sortes de conférences, d'ateliers ; on donne des cours de danse soufi, de Yi-King, on y organise des fêtes dyonisiaques. Bref, on y trouve toutes les religions, toutes les croyances du monde. A une seule exception près : pas la moindre trace de judaïsme ou de christianisme !

Tout ce fatras incohérent, cette confusion peuvent avoir des conséquences très graves sur la psychologie des individus. Il y a quelque temps de cela, j'ai reçu un patient d'une quarantaine d'années, un baba cool mal remis des années hippies. Barbe et cheveux longs, petit sac au dos, il était venu en stop à mon cabinet. Il m'expliqua qu'il ne savait pas trop quoi faire de sa vie : se réfugier dans un monastère bouddhiste zen du Vermont ou rejoindre une communauté New Age dans l'Oregon ? Puis il ajouta que, depuis quelque temps, une voix intérieure le poussait à revenir vers le catholicisme auquel il avait tourné le dos, à l'âge de seize ans. J'évitai bien sûr de lui dicter un choix et j'essayai d'en savoir un peu plus sur sa vie. Il me raconta alors qu'il avait été marié deux fois, qu'il avait eu deux enfants de son premier mariage et un autre lors du second. Il n'avait pas revu les premiers depuis une douzaine d'années et le troisième depuis six ans. Je lui en demandai la raison. Il me répondit :

— Oh, c'était la super-pagaille au moment du divorce. Alors, j'ai pensé que ça serait mieux pour les enfants si je disparaissais. C'est du passé, tout ça. Qu'est-ce que vous me conseillez dans mon choix spirituel ?

Je ne lui répondis toujours pas. Mais je lui expliquai que je m'étais converti au christianisme parce que j'étais arrivé à croire, petit à petit, à la profondeur de ses doctrines, au centre desquelles se trouve la notion de sacrifice. Il faut savoir se sacrifier, mais pas de manière irréfléchie, masochiste. Et j'ajoutai :

— De toute manière, quand il y a une décision à prendre, il ne faut pas rejeter une des solutions possibles sous prétexte qu'elle représente un sacrifice.

Aussitôt, le patient se mit à gesticuler, à s'agiter dans tous les sens. J'ai même cru qu'il allait piquer une crise d'épilepsie. Enfin il se calma et dit :

— J'ai l'impression que vous venez de pratiquer sur moi de la chirurgie spirituelle sans anesthésie.

— Désolé de vous avoir fait souffrir.

— Au contraire, au contraire, ça m'a fait un bien fou.

Avant de partir, il m'a fixé un nouveau rendez-vous. Je ne l'ai jamais revu. J'ai compris alors qu'en évoquant la notion chrétienne de sacrifice, je l'avais mis soudain en face de ses responsabilités : en l'occurrence, reprendre contact avec ses enfants. Mais je suppose qu'aujourd'hui, il a rejoint la communauté New Age de l'Oregon. Car là-bas, plus de responsabilités, plus de concept de sacrifice. Exactement comme dans les supermarchés spirituels.

Erreur de cible

En rejetant et en méprisant le christianisme, le New Age s'est trompé de cible. D'abord parce que, quand on n'est pas complètement victime d'une « formation réactionnelle », on est bien obligé de constater qu'il y a pas mal de bonnes choses dans les doctrines religieuses occidentales. Ensuite parce que les défauts du christianisme ne relèvent pas de la doctrine, mais du comportement de ses adeptes. Les religions chrétiennes souffrent d'une incapacité de faire passer la théorie dans la pratique. Comme l'a dit G.K. Chesterton, le grand problème du christianisme n'est pas d'avoir été jugé insuffisant ; c'est de n'avoir jamais été *jugé*.

En condamnant en bloc doctrine chrétienne et mauvais comportement des chrétiens, le New Age jette le bébé avec l'eau du bain. C'est également une preuve de grande intolérance : seules les philosophies orientales ou l'ésotérisme, disent-ils, peuvent réellement ouvrir le chemin de la spiritualité. Comportement typique de personnes du stade deux : « Hors de ma religion, point de salut. »

Le fait est que, dans nos ateliers de constitution de communauté, nous avons autant à souffrir des fondamentalistes de toute obédience que des farouches adeptes du New Age. J'ai baptisé certains d'entre eux « les intégristes de la tisane ». Qu'au cours de nos réunions, ils se fassent servir je ne sais quelle potion ne nous gêne absolument pas ; mais ils s'entêtent à vouloir à tout prix que nous en buvions aussi. Le type même de l'attitude intolérante.

Ce qui ne les empêche pas de prôner une tolérance absolue qui mènerait à l'individualisme le plus forcené. Un participant à l'un de nos ateliers, et que nous aurions pourtant bien vu en animateur, nous déclara :

— Au sein de la communauté tout est opportun et acceptable.

Il a fallu le convaincre que c'était faux et dangereux. Ne peut faire partie d'une communauté une personne qui trouve opportun d'injurier les autres, acceptable de les frapper.

Cette tolérance excessive est d'ailleurs l'un des péchés des associations pour la paix. Et c'est sans doute pour cela qu'aux Etats-Unis, il y en a près de cinq cents : elles sont incapables de travailler ensemble. Lorsque mon épouse et moi constituions la Foundation for Community Encouragement, nous avions un instant caressé l'idée d'une fédération de ces associations pacifistes. Nous l'avons très vite rejetée : ma fondation n'aurait alors été que la cinq cent unième ! Il fallait d'abord accomplir la tâche dans laquelle nous avions investi notre temps et notre argent : la création communautaire.

Le New Age et le Mal

Pour le New Age, le Mal n'existe pas. Il radicalise ainsi le concept des religions orientales qui le considèrent plutôt comme une illusion ou une idée fausse baptisée *maya*. Je ne suis pas totalement opposé à cette conception : on peut créer le Mal rien qu'en y pensant. Si l'on voit le démon dans tout ce qui nous déplaît, comme le font nombre de gens du stade deux, nous produisons *ex nihilo* de la division, de l'hostilité, du Mal.

Mais le New Age, lui, tend à répandre l'idée simpliste de sa non-existence. Il prétend qu'en changeant notre manière de penser, ça suffira à le faire disparaître. Pourtant le Mal existe. Il existe dans ceux qui prennent plaisir à torturer, à mutiler et à écraser les autres, il existe dans ceux qui provoquent les guerres pour leur plus grand profit. Et si un jour un adepte convaincu du New Age se retrouve en face du Mal, il sera en grand danger. Il n'y a pas que le New Age, d'ailleurs. Certaines doctrines chrétiennes pensent aussi que le mal est le fruit de notre imagination. Cela non plus n'est pas faux. Le Mal a effectivement beaucoup à voir avec l'irréel, avec le mensonge. D'ailleurs, dans *Les Gens du mensonge*, précisément, j'avais défini Satan comme « un réel esprit de l'irréel ». Éviter le problème du Mal, quand on est chrétien, c'est occulter une part du paradoxe. Et la principale opposition entre New Age et christianisme est là.

Il y a d'ailleurs une petite histoire à ce sujet que je ne

résiste pas à l'envie de raconter : un curé, un rabbin et un prêtre du New Age se retrouvent en enfer. Le curé dit qu'il a atterri ici parce qu'il avait eu une aventure avec sa gouvernante. Le rabbin, de son côté, avoue avoir eu toute sa vie un penchant pour le jambon, grave manquement aux interdits judaïques. Puis, les deux damnés se tournent vers le prêtre du New Age :

— Et toi, qu'est-ce que tu as fait pour te retrouver en enfer ?

— Mais nous ne sommes pas en enfer, ici. Je trouve d'ailleurs la température ambiante plutôt agréable !

New Age et technologie

Le rejet de la technologie par le New Age provoque le même genre de phénomène que son attitude face à la religion chrétienne. Toute rigueur scientifique est dénigrée. Or, on le sait, la démarche scientifique a pour but de combattre les illusions humaines, de découvrir la réalité de la nature, même si ça dérange notre confort intellectuel. C'est une quête sacrée de la vérité. Les excès de la technologie, c'est l'eau du bain, la science, c'est le bébé. Ce n'est pas parce que l'industrie et les gouvernements manient sans précaution cette technologie qu'il faut condamner la science.

Rejet de la science, rejet du christianisme, deux formations réactionnelles. Le grand tort du New Age est d'être incapable de distinguer ce qui est dangereux de ce qui est sain. Or, quand on se lance dans une aventure spirituelle, il faut le savoir, avant de tout accepter en vrac, comme dans les supermarchés dont je parlais plus haut.

Par moments, la Californie, berceau du New Age, me

fait penser à la colline de l'Aréopage. Saint Paul, venu prêcher à Athènes, escalada cette colline. Le long du chemin, des statues de dieux et de déesses, tous différents. Quand il arriva au sommet, saint Paul déclara aux Grecs, avec cette ironie qui le caractérisait, une ironie non dénuée du sens de la diplomatie :

— Les Grecs doivent être des gens d'une grande spiritualité pour vénérer mille dieux à la fois !

Dans leur gourmandise de spiritualité tous azimuts les New Age vénèrent autant de statues que les Athéniens. Mais ils pèchent aussi par leur trop grande hâte d'arriver au bout du chemin. Un peu comme un joueur de golf inexpérimenté, mais impatient et casse-cou qui tenterait systématiquement de viser tout de suite le drapeau indiquant le trou, quitte à se retrouver dans un bunker. Le chemin de la spiritualité est truffé de bunkers et l'on n'atteint pas le green d'un seul coup de club...

New Age et hérésie

Quand on parle d'« hérésie » on pense immédiatement au Moyen Âge, aux cortèges de la très Sainte Inquisition, aux bûchers, de l'intolérance absolue. Mais l'hérésie existe. Pour la définir en un mot, je dirais que c'est, dans le domaine religieux, un dérapage dans la doctrine qui peut faire grand mal à la foi tout entière.

Une de mes patientes était une hérétique. Elle ne le savait pas, bien sûr. C'est un prêtre que je consultais sur son cas qui me l'a appris. Cette adepte du New Age s'était intéressée à toutes sortes de religions. Cela tenait une place tellement importante dans sa vie qu'elle en était profondément perturbée psychologiquement et spirituellement. A un moment, je lui demande de me parler de Jésus. Elle me dessine une sorte de croix entourée de cercles, puis se lance dans des explications confuses, à moitié délirantes. Très fermement, je lui demande d'arrêter et j'ajoute :

— Comment est-il mort ?

Elle hésite un instant :

— Il a été crucifié.

Hésitation très révélatrice. Cette femme faisait tout pour éviter la douleur. C'est pourquoi j'insistai :

— Il a souffert ?

— Oh, non ! répondit-elle joyeusement. Il avait une conscience tellement évoluée qu'il a pu se projeter dans son corps astral et s'échapper.

Une réponse complètement farfelue. Mais qui m'intrigua. J'en parlai avec le prêtre qui me servait de consultant.

— C'est extraordinaire, me dit-il, cette femme fait du docétisme.

Le docétisme était une hérésie du IIe-IIIe siècle. Selon cette doctrine, Jésus-Christ, étant Dieu, n'avait pu vivre ou souffrir sur terre qu'en apparence. Ma patiente reproduisait le même schéma, à quelques différences de vocabulaire près. Or, le docétisme est évidemment une hérésie. Car si Jésus avait été entièrement divin, il n'aurait connu aucune souffrance ; son calvaire n'aurait été qu'une mascarade, et son sacrifice, fondement de la doctrine chrétienne, une sorte de tour de passe-passe céleste.

Il existe d'ailleurs des hérésies radicalement opposées aux docétisme. Comme l'arianisme, par exemple, qui déniait au Christ tout aspect divin. Mais si on suppose que Jésus n'était qu'un simple mortel, on ne peut pas croire que Dieu soit descendu sur terre pour vivre et mourir comme l'un d'entre nous. En somme, l'hérésie, quelle qu'elle soit, c'est de ne considérer qu'un seul aspect du paradoxe.

Et ce qui est au cœur du christianisme, qu'on y croie ou qu'on n'y croie pas, c'est ce formidable paradoxe : Jésus était à la fois humain et divin, pas moitié-moitié, comme d'autres hérésies l'ont affirmé, mais pleinement humain et pleinement divin.

Grâce à cette patiente qui faisait du docétisme sans le savoir, j'ai pris conscience que la plupart des vieilles hérésies chrétiennes survivaient encore, comme ces deux courants théologiques opposés : l'Immanence et la Transcendance. La première met l'accent sur la divinité qui vit en chacun de nous, le Dieu du Saint Esprit, « la lumière intérieure » des Quakers. La seconde ne s'intéresse qu'à la divinité extérieure, Notre-Père-qui-êtes-aux-Cieux, le grand Flic sur son nuage. Deux conceptions nécessaires, mais auxquelles il faut croire en même temps, et non l'une contre l'autre. Car si Dieu se trouvait totalement en nous, il faudrait alors croire que la moindre pensée, le plus petit sentiment serait une révélation. En revanche, si Dieu était complètement hors de nous, là-haut, comment communiquerait-il avec nous, sinon par le truchement de ses prophètes qui seraient à leur tour interprétés par le clergé ? Cette espèce « d'hérésie d'orthodoxie » mène tout droit à l'Inquisition. Les Inquisiteurs ne croyaient qu'à la transcendance. Cela leur permettait de brûler, de torturer, et donc de tuer la divinité qui était dans leur victime. L'exclusive croyance en la transcendance génère aujourd'hui des chrétiens fondamentalistes, ou ultratraditionalistes. Et pourtant, il faut une nouvelle fois accepter le paradoxe : Dieu est à la fois en nous et hors de nous.

Pour finir, encore un exemple de deux hérésies subsistant aujourd'hui sous d'autres formes, mais qui, comme les précédentes, s'opposent par incapacité d'accepter un paradoxe. Au IVe siècle, Pélage, un moine britannique, prônait l'ascèse et le travail comme seul moyen d'arriver au salut, niant ainsi la grâce et l'intervention divine. Le pélagianisme, condamné par saint Augustin, représentait effectivement un grand danger d'orgueil qui faisait croire que l'homme n'avait pas besoin de Dieu. On retrouve ce genre d'idées, plus subtilement énoncées, dans le jansénisme, au XVIIe siècle. Face à cette hérésie, apparut, toujours au XVIIe siècle, le quiétisme qui estimait que le salut n'était dû qu'à la grâce de Dieu. Pas la peine de faire le moindre effort, puisque ça allait nous tomber dessus de toute manière. Encore une fois, le salut, c'est un autre paradoxe, un subtil alliage de grâce et de travail. Et nous n'en aurons jamais la formule chimique.

L'hérésie apparaît également dans d'autres religions et parfois sous des formes similaires. Le débat sur l'intervention divine dans le salut de l'homme existe aussi chez les musulmans. Pourtant, Mahomet a donné la meilleure formule que je connaisse sur le sujet : « Aie confiance en Dieu, mais attache d'abord ton chameau. »

L'hérésie frappe également le domaine laïc, la psychologie, par exemple. La doctrine de l'individualisme pur et dur en est le meilleur exemple. Nous sommes, dit cette doctrine, appelés à devenir des individus. C'est vrai, en partie. Jung a dit que le véritable objectif de l'évolution psycho-spirituelle était l'individuation, la capacité à se séparer de ses parents, à se donner une pensée autonome. Bref, à devenir des êtres indépendants, capables de diriger eux-même leur bateau. Mais l'individualisme primaire néglige l'autre face dont Jung a également parlé : la connaissance de nos limites, notre fragilité et notre interdépendance vis-à-vis du reste de l'Humanité. Comme toute forme d'hérésie, l'individualisme ignore un des côtés du paradoxe. Ce qui entraîne chez ces gens de terribles souffrances : ils se croient autonomes, se cachent derrière un masque, simulent la maîtrise de soi, affirmant qu'ils ont tout compris. Alors qu'il est indispensable, pour une bonne santé mentale de communiquer avec les autres, de ne pas s'isoler dans des petits compartiments bien hermétiques.

Pour pouvoir penser et agir en toute intégrité, il faut échapper à l'hérésie, accepter le paradoxe. C'est la *praxis*, l'adaptation de nos convictions à nos actes. Nous devons accorder notre comportement à nos croyances religieuses, c'est le meilleur moyen de devenir des êtres à part entière, des êtres intègres.

« Que vaut la foi, si elle ne se traduit pas en action ? » demandait Gandhi.

Imiter Jésus

Le New Age n'est pas le seul à porter le flambeau de l'hérésie. Elle est également courante dans les confessions chrétiennes traditionnelles. On retrouve même du docétisme dans nos comportements quotidiens. Beaucoup de chrétiens, pourtant pratiquants, sont tentés de considérer Jésus comme divin à quatre-dix pour cent et à le placer bien au-dessus des autres hommes. Il serait impossible à imiter. Il serait impossible de s'identifier à lui. Et on en arrive à la conclusion que nul n'est tenu de se comporter comme lui. Une conclusion qui ressemble à un alibi.

J'ai eu l'occasion de constater ce para-docétisme lors d'un congrès réunissant psychothérapeutes chrétiens et prêtres conseillers[1]. Le conférencier, un théologien

---

1. *Pastoral counselor* : sortes de consultants en religion auprès des entreprises, des hôpitaux, des psychanalystes, etc. (*N.d.T.*)

baptiste, raconta l'épisode de l'Évangile où Jésus est appelé par un notable pour sauver sa fille. Sur le chemin qui mène le Christ à cette maison, une femme souffrant d'hémorragies touche le vêtement du Christ et guérit sur-le-champ. Par la suite, Jésus sauve la fille du notable.

À la fin de son récit, le conférencier demanda à l'auditoire, soit environ six cents chrétiens appliquant les principes de la religion dans leur profession, à quel personnage ils s'identifiaient. Une centaine déclarèrent se sentir proche de l'hémorragique. D'autres, du père désespéré. Mais l'immense majorité se retrouvait dans la foule des spectateurs. Six personnes, en tout et pour tout, levèrent la main pour dire qu'elles se voyaient à la place du Christ. Quelques-uns avouèrent n'avoir osé les suivre de peur de paraître présomptueux. En tout cas, je trouve cela effrayant. En principe, nous sommes censés devoir imiter le Christ, tant dans ses actes que dans sa pensée. Nous devons nous identifier à lui. C'est ça, le christianisme. Or, nous faisons exactement le contraire.

Autre forme d'hérésie moderne, notre conception du blasphème. « Tu ne prononceras pas à tort le nom du Seigneur, ton Dieu », dit le deuxième commandement. Pour la plupart des chrétiens, ça consiste simplement à ne pas proférer de jurons. C'est tout aussi absurde que faux. En fait, le blasphème est le sommet de l'hypocrisie : il s'agit pour ceux qui le pratiquent d'utiliser sans cesse des locutions et des références religieuses pour masquer un comportement antispirituel.

Au cours d'une conférence qui dura quatre heures, le maître soufi Idries Shah ne prononça pas une seule fois les mots *Dieu* et *amour*.

— C'est, nous expliqua-t-il à la fin, parce que les

soufi n'emploient jamais ces termes à la légère : ils sont sacrés.

Nombre de chrétiens devraient l'imiter. Comme ceux chez qui je passais un week-end et qui entrelardaient le moindre de leurs propos de « Dieu merci », « Grâce à Dieu », « Si Dieu le veut ». Pas le moindre juron, que des blasphèmes ! Sous ce déluge douceâtre, j'avais presque la nausée. Ce qui ne les empêchait pas du tout de se livrer à un véritable concours de ragots, de commérages : « Untel couche avec Unetelle, mais si Dieu le veut... », etc. Ces blasphèmes étaient, selon moi, un bien pire péché que leur langue de vipère.

Au fond, je pense que l'ordre dans lequel sont présentés les Dix Commandements n'est pas le fait du hasard. La violation du premier, c'est-à-dire l'idolâtrie, est à l'origine de tous les autres péchés. Mais le non-respect du second, le blasphème, est le pire de tous, le pire des mensonges. Ce masque de piété qui tente de faire oublier l'absence de praxis, ce refus d'accorder son comportement à ses pratiques religieuses, c'est le manque le plus total d'intégrité.

Communauté ou secte

Un très grand danger, pour un chrétien ou un adepte du New Age, c'est la secte. Et je voudrais d'abord qu'on fasse une distinction entre secte et communauté. La communauté attire les participants par les liens étroits qu'elle permet entre eux, mais elle n'exerce aucune pression pour que l'on y reste. Par ailleurs elle s'épanouit grâce à la diversité des individus qui la composent. Exactement le contraire de la secte : là, il y a lavage de cerveau, pressions énormes pour qu'on y entre, menaces à peine déguisées pour qu'on y reste. Et surtout uniformisation radicale de ses membres.

Pour y voir plus clair, je vais énumérer les dix principales caractéristiques communes à toute secte.

1/ Idolâtrie d'un maître unique et charismatique

On pense immédiatement à Moon, vénéré par ses disciples comme « Le Seigneur du second Avent ». On pense aussi à Jim Jones et au suicide collectif de Guyana. C'est un point commun aux sectes du monde entier : un gourou qui se fait adorer comme une divinité.

2/ Un cercle étroit d'élus vénérés

Mais même le plus ambitieux des gourous ne peut, au-delà d'un certain nombres d'adeptes, diriger seul son organisation. Il fait appel à des disciples fiables qui le secondent. Ces conseillers proches sont respectés, craints et enviés. Ils font l'objet de rumeurs, on les dit intrigants, parfois même dissidents. Ils ont accès au Saint des Saints, mais se déchirent en vue de la succession du maître. Ils sont à l'origine des pires abus de pouvoir.

3/ L'obsession du secret

Ce groupe de proches conseillers opère généralement dans la plus grande discrétion, à peu près comme un gouvernement obsédé par le secret-défense ou une entreprise qui cache le plus possible ses innovations et sa gestion. À cette différence près que les sectes ne cherchent jamais à justifier cette volonté du secret.

4/ Une gestion financière douteuse

J'ai été amené à passer une journée avec les dirigeants d'une organisation New Age. Je tentais de savoir comment ils se finançaient, ce qu'ils faisaient de leur argent. Rien à faire. Mes interlocuteurs avaient une façon absolument déconcertante d'éluder les réponses. Et j'ai senti la secte. D'ordinaire, ce genre d'organisation est à but non lucratif, sa comptabilité relève du domaine public. Ils n'ont en principe rien à cacher. D'où vient l'argent, où va-t-il ? S'il n'y a pas de réponse claire, la secte n'est pas loin.

5/ La dépendance

L'un des phénomènes les plus inquiétants, c'est l'état de dépendance dans lequel les sectes mettent leurs adeptes. Pas la moindre autonomie intellectuelle, pas le moindre esprit égalitaire ou communautaire. L'engouement du New Age pour les religions extrême-orientales est d'ailleurs, en ce domaine, fort inquiétant. Dans l'hindouisme, la tradition veut que les gourous soient considérés comme des dieux.

6/ L'uniformité

Ce qui m'avait frappé le plus, parmi les dirigeants de l'organisation pour la paix que j'avais visitée et qui me semblait être une secte, c'était que cette vingtaine de personnes, hommes et femmes d'âges divers, entre trente et soixante ans, étaient extraordinairement semblables. Pas au point de vue vestimentaire, mais dans leur comportement. Je n'arrivais pratiquement pas à les distinguer les uns des autres. C'était d'une tristesse effroyable.

7/ Un jargon incompréhensible aux non-initiés

Tout groupe de personnes travaillant ensemble finissent par adopter une sorte de jargon interne, un code qui leur permet de se comprendre rapidement, mais qui est parfois incompréhensible au reste des mortels. Plus ce jargon devient intraduisible, plus on approche de la secte. Pour finir, ils ne font plus le moindre effort pour être compris de l'extérieur. Ainsi, il m'arrive de recevoir des lettres d'organisation New Age qui cherchent à m'intéresser à leurs idées. Mais ils n'arrivent même plus à communiquer avec le monde extérieur tant ils sont imprégnés par ce langage.

8/ Une doctrine dogmatique

Les doctrines sont édictées à l'avance par le gourou. Après, elles sont immuables. Un jour, je fus contacté par les dirigeants d'une secte — ils ne se montraient pas sous ce nom — pour les aider, prétendaient-ils, à élaborer leur doctrine. J'ai vu très vite que c'était une supercherie pour m'attirer dans leurs rangs. Leurs principes religieux et leur doctrine dogmatique étaient établis depuis belle lurette.

9/ L'hérésie

Toute organisation quelle qu'elle soit, et qu'elle le veuille ou non, est liée à Dieu. Dans une entreprise, par exemple, l'hérésie se manifeste par un reniement passif de Dieu. Dans le cas d'une secte satanique, c'est un mépris actif et véhément. D'une manière générale, les relations des sectes avec Dieu sont toujours troubles et hérétiques.

10/ Dieu en captivité

Compte tenu de leur dogmatisme, les sectes ont l'impression d'avoir Dieu sous la main, de l'avoir capturé. Comment le pourraient-ils, les malheureux ? C'est nous qui sommes à sa merci, individuellement ou collectivement.

Pour évaluer si une organisation est ou non une secte, il n'est pas nécessaire d'y trouver ces dix critères. Trois ou quatre doivent suffire à éveiller la méfiance. D'autant que les sectes, innombrables, ont un grand talent pour prendre les masques les plus innocents.

Certains esprits mal intentionnés pourront dire que l'Église catholique correspond à nombre de ces critères. Alors, une secte ? Pas depuis Vatican II, en tout cas. Et encore moins au sein du catholicisme américain. Dans une secte, le système autoritaire, la hiérarchie est toujours complètement acceptée, sans contestation possible. Or, dans l'Église, tout est remis en question, sujet à débat, même et y compris les prises de position du pape actuel Jean-Paul II.

Cette liberté nous vient de Jean XXIII, qui avait pourtant été élu comme pape de transition. Les cardinaux avaient un mal fou à se mettre d'accord ; ils votèrent finalement pour ce vieillard rondouillard et apparemment inoffensif. Moins d'un an après son élection, Vatican II était prêt. Et quand on lui demanda la raison d'un tel concile, Jean XXIII ouvrit une des vénérables fenêtres de son palais et s'écria : « De l'air frais, nous avons besoin d'air frais ! »

Les aspects positifs du New Age

De l'air frais, c'est ce que peut nous apporter le New Age. J'ai beaucoup insisté jusqu'ici sur ses aspects négatifs, mais je crois que les tares et les lacunes qu'il dénonce sont tout à fait réelles et méritent qu'on s'y attaque. S'il se sort de sa « formation réactionnelle », on pourra alors profiter de tous les aspects positifs que le

New Age porte en lui. En y regardant bien, c'est un mouvement qui tend vers l'intégration, vers l'intégrité.

Il y a déjà de bons résultats du côté de la médecine globale qui lutte contre une spécialisation excessive. Dans le domaine écologique, le New Age met en évidence la contribution de tous les êtres dans le cycle de la vie, avec un mode de pensée beaucoup plus large et plus ouvert que nos vieux principes.

Par « vieux principes », j'entends par exemple un mode de pensée trop compartimenté, trop axé sur la compétition et qui nous incite à nous réjouir des échecs des autres. Tournons donc le dos à ces idées dépassées, et optons résolument pour une meilleure intégrité, dans tous les domaines de notre vie spirituelle et sociale.

La réforme, plutôt que la révolution

Alors, le New Age, positif ou négatif ? Les deux, mon capitaine ! Reste à savoir s'il a un avenir, et lequel. S'il penche vers la méthode révolutionnaire de la table rase, il échouera. En tout cas, il deviendra un grand danger. S'il choisit le chemin de la réforme, celui dont nous avons tant besoin, je crois qu'il sera très positif.

Il est beaucoup plus facile de faire la révolution, d'élaborer quelque chose de radicalement différent en détruisant tout du passé. Certes, les lacunes et les défauts du Vieil Age sont difficiles à corriger. Cette histoire de médecine globale par exemple, qu'encore une fois j'approuve sur le fond. Il n'empêche. D'abord elle est beaucoup plus onéreuse que la médecine traditionnelle. Et puis, toutes ces bizarreries, ces gadgets que le New Age associe à sa médecine suscite bien des vocations de charlatans qui se prétendent praticiens et y gagnent un argent fou.

Quant à la fondation que j'ai créée avec mon épouse Lily, la Foundation for Community Encouragement, je me demande parfois si on peut l'inclure dans le courant New Age. Par certains aspects, peut-être. D'ailleurs, l'un de nos principes de base est « l'ouverture aux idées nouvelles ». Mais nous avons un autre grand principe : « Se fonder sur des données valables et vérifiées », une valeur traditionnelle tant dans le monde de la science que dans celui des affaires. Pour maintenir l'équilibre entre ces deux formes de valeurs, nous devons lutter en permanence.

L'intégrité est exigeante et souvent douloureuse. Parce qu'elle est également indissociable de la souffrance, la réforme est plus laborieuse que la révolution. Le New Age saura-t-il inciter ses adeptes à entreprendre ce travail douloureux ? Saura-t-il se plier à la discipline nécessaire qui lui évitera de jeter le bébé avec l'eau du bain ? Tâche ardue que de savoir combiner le meilleur de l'ancien avec le meilleur du nouveau.

12

Spiritualité et sexualité

Affirmer qu'il y a un lien étroit entre sexualité et spiritualité va en scandaliser plus d'un. Ceux-là n'ont certainement pas lu la Bible, et en particulier *Le Chant de Salomon*, appelé aussi *Le Cantique des Cantiques*. « Qu'il m'embrasse sur la bouche ! », telle est la première phrase de ce magnifique duo érotique entre Dieu et son peuple.

Seulement voilà : nombre de confessions chrétiennes considèrent sexualité et érotisme comme des inventions diaboliques. Satan, prétendent-elles, nous pousserait à la luxure et aux plaisirs coupables de la chair. À les entendre, sexualité et spiritualité seraient donc en guerre permanente. Une guerre qui devrait voir fatalement la victoire de l'une sur l'autre.

Quant à moi, si j'admets qu'il y a conflit entre sexualité et spiritualité, je vois cela plutôt comme une simple querelle d'amoureux, ou une rivalité au sein du couple qui s'apaise avec l'âge et l'expérience.

S'interroger sur la sexualité, c'est se heurter très vite à un véritable mur scientifique. À l'aube du troisième millénaire, nous sommes parfaitement capables de détruire la planète en appuyant sur un bouton, mais nous ne sommes toujours pas en mesure d'établir une liste complète des différences et des similitudes entre homme et femme. Je veux dire celles qui ne sont pas d'ordre strictement physique et biologique.

Là encore, la mythologie peut nous en apprendre bien plus que la science sur la nature profonde de la sexualité. Les dieux de l'Olympe vivaient dans la hantise d'être égalés par l'être humain. En effet, au commencement, nous étions, disent très souvent les mythes, des créatures androgynes, globales, donc susceptibles d'entrer rapidement en concurrence avec les dieux. Ceux-ci décidèrent donc de nous dédoubler en un être mâle et un être femelle. L'être humain, devenu une demi-créature, ne représentait plus beaucoup de dangers pour l'Olympe. Nous avons alors découvert le sentiment d'être incomplets, de ne plus faire un tout. Et notre quête désespérée de ce bonheur disparu a commencé. Nous n'avions le sentiment de retrouver un peu notre totalité qu'en nous unissant, l'espace d'un rapport sexuel, avec cette moitié de nous-même qu'on nous avait arrachée.

En traduisant ce mythe, il apparaît donc que notre sexualité émane d'un sentiment de manque et qu'elle se manifeste par un ardent besoin de plénitude, une recherche de la divinité. Même sentiment, même besoin, même recherche que la quête spirituelle. Il ne s'agit pas de dire ici que la sexualité et la spiritualité sont sœurs jumelles. Disons qu'elles sont cousines et qu'elles ont les mêmes origines.

Est-ce vraiment par hasard que même des athées ou des agnostiques crient « Mon Dieu » au moment de l'orgasme ? Et tous ceux qui courent désespérément après des expériences sexuelles répétitives, n'est-ce pas pour eux le biais, conscient ou non, qui leur permet de se rapprocher de la spiritualité ? En voulant toujours retrouver cet abandon, au sommet du plaisir, c'est Dieu qu'ils recherchent.

L'orgasme, une expérience mystique

Le célèbre psychologue Abraham Maslow eut à ce sujet une démarche tout à fait originale : il décida d'étudier des cas de personnes particulièrement saines mentalement. C'est-à-dire ces rares individus qui utilisent au mieux leur potentiel, qui se sentent bien dans leur peau et dans leur vie et qui réussissent à devenir « pleinement humains ». Maslow découvrit qu'ils avaient tous une douzaine de points communs. Ainsi, ils ressentaient très profondément l'orgasme comme une expérience spirituelle, voire mystique.

Mystique est le mot exact, si on l'entend comme la mort de l'ego, étape nécessaire du voyage spirituel. De même, les Français appellent l'orgasme *la petite mort*[1].

La qualité de l'orgasme dépend d'abord de celle des relations entre les partenaires. Les meilleures expériences érotiques se produisent avec quelqu'un que l'on aime. L'amour ou la passion sont même indispensables pour atteindre les sommets mystiques de l'orgasme. Mais, phénomène curieux, dès que nous sommes parvenus à ce moment, durant cette petite mort, si brève soit-elle, nous oublions notre partenaire, nous oublions qui nous sommes et avec qui nous sommes : nous avons quitté la terre, nous avons pénétré dans le royaume de Dieu.

« Au moment de l'orgasme, écrit Anda Coomaraswami, l'autre, en tant qu'individu, n'a pas plus de signi-

---

1. En français dans le texte. (*N.d.T.*)

fication que les portes du paradis pour celui qui est à l'intérieur. » Autre comparaison religieuse, chez Joseph Campbell : « Lorsqu'on est perdu dans la béatitude de l'amour, le partenaire n'a guère plus d'importance que le seuil du temple qu'on a franchi pour arriver à l'autel. » Si l'acte sexuel est potentiellement religieux, l'expérience religieuse, mystique, comporte de son côté bien des aspects sexuels. Il suffit, pour le comprendre, de lire *Le Cantique de l'âme*, extrait du célèbre poème de saint Jean de la Croix, *La Nuit obscure* :

I
Par une nuit profonde,
Étant pleine d'angoisse et enflammée d'amour,
Oh ! l'heureux sort !
Je sortis sans être vue,
Tandis que ma demeure était déjà en paix.

II
J'étais dans les ténèbres et en sûreté
Quand je sortis déguisée par l'escalier secret,
Oh, l'heureux sort !
J'étais dans les ténèbres et en cachette,
Tandis que ma demeure était déjà en paix.

III
Dans cette heureuse nuit,
Je me tenais dans le secret, personne ne me voyait,
Et je n'apercevais rien
Pour me guider dans la lumière
Qui brûlait mon cœur.

IV
Elle me guidait
Plus sûrement que la lumière du midi
Au but où m'attendait

À la recherche d'un dieu personnel

Celui que j'aimais,
Là où nul autre ne se voyait.

V

Ô nuit qui m'avez guidée !
Ô nuit plus aimable que l'aurore !
Ô nuit qui avez uni
L'aimé avec sa bien-aimée
Qui a été transformée en lui !

VI

Sur mon sein orné de fleurs,
Que je gardais tout entier pour lui seul,
Il resta endormi,
Et moi je le caressais
avec un éventail de cèdre je le rafraîchissais.

VII

Quand le souffle provenant du fort
Soulevait déjà sa chevelure
De sa douce main
Posée sur mon cou il me blessait,
Et tous mes sens furent suspendus.

VIII

Je restai là et m'oubliai,
Le visage penché sur le Bien-Aimé.
Tout cessa pour moi, et je m'abandonnai à lui.
Je lui confiai tous mes soucis
Et m'oubliai au milieu des lis.

Le poème tout entier est à la fois l'accession à l'orgasme, orgasme qui arrive dans la dernière strophe, et la possibilité d'une union mystique des humains avec Dieu.

Les meilleurs d'entre les moines et les nonnes que j'ai

207

rencontrés aimaient Dieu avec passion. La passion, c'est aussi la sexualité. Pourquoi alors ces gens choisissent-ils le contraire, c'est-à-dire la chasteté et l'abstinence sexuelle ?

D'abord parce que, dans un couple, le sexe peut gâcher les relations les plus sincères. On a toujours tendance à faire de l'autre un objet sexuel, à l'utiliser, ouvertement ou non, pour des fins manipulatrices, par intérêt personnel. La non-mixité, l'abstinence et la chasteté dans la vie monacale permettent d'éviter cet écueil.

L'amour romantique, cette illusion

Dans *Le Chemin le moins fréquenté*, j'ai établi une très nette distinction entre l'amour tout court et l'amour romantique. Le premier s'intéresse à l'évolution spirituelle du partenaire. Le second est une forme de narcissisme : toute jeune fille sentimentale rêve un jour d'être emmenée par son prince charmant vers un éternel orgasme. Illusion ! Bien sûr, cet amour romantique est un progrès par rapport aux mariages dits de « raison » qui étaient la règle avant le XIXe siècle. Mais celui qui croit à la pérennité du sentiment amoureux s'expose à de terribles déceptions.

Dans l'amour romantique, on a toujours tendance à attendre de son partenaire qu'il satisfasse tous nos besoins, qu'il nous offre le paradis sur terre ; on l'idolâtre, on le considère comme un Dieu. Non seulement c'est une illusion, mais en plus, c'est un viol flagrant du premier Commandement : « Je suis le Seigneur ton Dieu, et tu n'auras pas d'autre dieu face à moi. » On peut comprendre l'idolâtrie, mais pas la justifier : contempler la statue d'un dieu, qu'elle soit de pierre ou de chair, la prendre dans ses bras, c'est vouloir en être le propriétaire. En considérant son compagnon ou sa compagne comme une divinité, on finit par en oublier le vrai Dieu.

« Tu nous as faits pour Toi, Seigneur, et nous ne trouverons le repos qu'en Toi ». Cette phrase de saint Augustin explique bien la volonté de chasteté et d'abstinence des religieux. Ce n'est pas seulement pour ne pas être la proie de l'idolâtrie induite dans les relations amoureuses. C'est aussi pour ne pas se laisser distraire dans l'amour de Dieu. C'est enfin parce que, pour les meilleurs d'entre eux, leurs relations avec Lui sont tellement primordiales qu'ils ne ressentent pas le besoin d'en chercher d'autres.

Mais attention, qu'il n'y ait pas de malentendu ! Ces gens sont pour la plupart des mystiques exceptionnels. Il n'est pas question, quant à moi, de prôner l'abstinence sexuelle comme indispensable à toute démarche spirituelle. Tout au contraire, je bénis la sexualité et le sexe. L'idée que les êtres humains fassent l'amour me semble merveilleuse. D'ailleurs, qu'on se rassure, moi aussi, j'adore faire l'amour !

La spiritualité, c'est sexuel

Voilà une douzaine d'années, j'avais pour patiente une femme de trente-cinq ans coincée, frigide. Sa thérapie réussit au delà de toute espérance : j'ai été le témoin de sa profonde et soudaine conversion au christianisme. Trois semaines après cette métamorphose, elle m'annonçait que, pour la première fois de sa vie, elle avait connu l'orgasme. Il ne s'agissait évidemment pas là d'une coïncidence. Et j'ai pu constater bien des fois avec mes patients que la spiritualité et la sexualité sont si proches dans notre personnalité qu'il est impossible d'éveiller l'une sans éveiller l'autre. Cette femme, une fois capable de s'abandonner sincèrement à Dieu, fut très vite en mesure de se donner pleinement à un homme. Dieu soit loué !

Un prêtre de mes amis évalue la sincérité et la profondeur d'une conversion à la manière dont elle est accompagnée d'une sorte d'éveil sexuel. Cette symbiose entre conversion spirituelle et épanouissement sexuel pourrait d'ailleurs expliquer certaines histoires d'amour entre prêtre et paroissienne. Le psychothérapeute que j'étais devait parfois être extrêmement vigilant quand le phénomène se produisait chez mes patientes, pour peu que celles-ci soient jeunes et jolies !

Le plus dangereux des pièges

Le sexe est un problème universel. Il touche enfants, adolescents et adultes, abstinents, célibataires, couples, hétérosexuels, homosexuels, ouvriers ou PDG, chirurgiens ou... psychiatres.

Dans ma conception de la vie qui serait comme un camp d'entraînement semé d'embûches contribuant à notre apprentissage, il m'apparaît que la sexualité est le plus dangereux de ces obstacles. Le plus diabolique, même s'il a été disposé par Dieu. L'une des principales difficultés de ce piège redoutable, c'est le sentiment que, si nous parvenons à franchir cet obstacle, l'affaire sera définitivement close. Nous serons, *ad vitam*, sexuellement épanouis. Mais ça ne va durer que quelques semaines, quelques mois, ou même, avec un peu de chance, quelques années. Un jour ou l'autre, on change imperceptiblement. Ou c'est le partenaire qui évolue. Ou l'environnement. Rupture définitive ou discorde passagère, nous revoilà devant l'obstacle. Et toujours avec cette conviction tenace que nous allons le surmonter.

Mais, chaque fois que l'épreuve se présente à nouveau, chaque fois que nous croyons en triompher, nous apprenons quelque chose de nouveau sur l'amour, sa vulnérabilité, sur la manière aussi de contrôler notre narcissisme. Et si enfin nous admettons que Dieu est inclus dans le processus, les chances de réussite sont encore plus grandes. Pas besoin pour cela de devenir moine ou bonne sœur !

Chasteté contre abstinence

Au temps de ma belle jeunesse, quand je me croyais amoureux, je préparais avec un soin méticuleux tous les trucs possibles et imaginables pour arriver à mes fins : réserver deux places bien choisies dans un bon petit restaurant, séance de cinéma, pas trop loin de chez moi, musique d'ambiance à la maison. J'espérais ainsi provoquer les événements. Bien sûr, la plupart du temps, rien ne se produisait comme je l'avais prévu. Dans le pire des cas, c'était le bide total ; dans le moins mauvais, une expérience décevante et sans lendemain.

En revanche, mes plus belles aventures se produisirent sans que je les aie préméditées. Elles me semblaient alors orchestrées en coulisse par des anges. Je crois maintenant qu'il s'agissait d'une relation triangulaire entre deux êtres humains et Dieu.

Aussi absurde que ça puisse paraître, il y a le même genre d'opposition entre l'abstinence et la chasteté qu'entre ces deux formes d'expériences sexuelles.

L'abstinence est une manière de bâtir volontairement

le scénario en s'interdisant de soi-même toute relation, du moins durant un certain temps.

La chasteté, en revanche, est bien plus difficile à définir. J'ai eu pour patiente une jeune femme extrêmement brillante, sortie des meilleures universités. Son problème, c'est qu'elle se lançait en permanence, sans pouvoir s'en empêcher, dans des relations sexuelles qu'elle ne désirait absolument pas et qui ne lui procuraient aucun plaisir. Après avoir utilisé sans succès la dynamique freudienne habituelle, je lui posai la question suivante :

— Croyez-vous qu'une vie sexuelle active est indispensable à la santé mentale ?

— Bien sûr que oui, répondit-elle. Pourquoi, ce n'est pas exact ?

C'était donc cela ! la jeune femme s'imposait des relations sexuelles non désirées pour avoir l'impression d'être équilibrée. C'était en quelque sorte de l'abstinence à l'envers. Elle finit par comprendre qu'une période de chasteté de trois semaines serait bien plus profitable à sa santé mentale.

Depuis une dizaine d'années, le phénomène « d'abstinence à l'envers » se multiplie surtout chez les personnes âgées. En effet, on ne cesse d'expliquer partout qu'il est tout à fait normal que le troisième âge ait droit aussi à des relations sexuelles. C'est exact, mais mal compris. Et les vieilles personnes passent alors d'un extrême à l'autre : maintenant que les psychiatres et les autres professionnels leur ont gracieusement donné la permission de faire l'amour, nombre d'entre elles se sentent obligées de s'y tenir, même sans désir, comme si elles prenaient un médicament.

Mais ce n'est pas seulement la pression extérieure qui oblige les gens âgés à faire l'amour, même sans envie.

212

J'ai rencontré un couple de septuagénaires, toujours très amoureux l'un de l'autre. Mais, en aparté, chacun des deux m'avoua qu'il n'avait plus aucun désir sexuel de l'autre, ni de personne, d'ailleurs. Ils n'accomplissaient leurs devoirs conjugaux que pour faire plaisir au partenaire. Je les ai donc réunis et leur ai expliqué que, puisque ni l'un ni l'autre n'en avait envie, il était plus simple d'arrêter. Ce fut une révélation !

« Il est un temps pour tout et un temps pour chaque chose sous le ciel, disait l'Ecclésiaste, un temps pour embrasser et un temps pour éviter d'embrasser »

Immense sagesse, autant profane que spirituelle. Le sexe est un don de Dieu. Ce qui ne veut pas dire qu'il faille en abuser à tout instant et en tout lieu.

Dieu et le sexe

Qu'un amour profond, mystique, envers Dieu puisse être comparé aux amours humaines, c'est généralement admis. En revanche, avancer qu'il y a dans cette passion, des implications sexuelles paraît scandaleux à beaucoup. Tant pis pour eux ! Moi, je suis sûr qu'il existe une réelle sexualité dans les rapports entre Dieu et les hommes. L'érotisme, la sensualité du *Cantique des Cantiques* ou des textes de saint Jean de la Croix ne sont pas seulement une métaphore poétique pour illustrer une spiritualité passionnée. Certes, selon Alan Jones, « l'amour sexuel est le symbole fort d'un amour encore plus fort ». Mais ce n'est pas toute la vérité.

D'abord, si je ne m'abuse, les humains sont des créatures sexuées. Eh bien, Dieu aussi, et tant pis si ça choque.

J'adorais, quand j'étais étudiant, cette citation de Voltaire : « Si Dieu nous a créés à son image, nous lui avons certainement retourné le compliment. » À l'époque, ça me paraissait effectivement absurde d'imaginer un Dieu anthropomorphe, mâle bien sûr, avec sa barbe blanche et ses impressionnants organes génitaux. Il me semblait qu'Il ne pouvait être qu'infiniment différent de ce que nous pouvions imaginer et infiniment supérieur. C'est vrai, d'ailleurs.

Mais, au fil des années, mon optique a changé. J'ai fini par comprendre que nous pouvions tenter de deviner la nature de Dieu en projetant en Lui le meilleur de la nature humaine. Ainsi, Il finit par représenter l'humanité dans ce qu'elle a de meilleur. Et ce Dieu-là, entre autres choses, mais avant toute chose, est *humain*. C'est sans doute pour cela qu'il nous a faits à son image.

Le grand séducteur

L'idée que Dieu est « humain », donc sexué, est d'ailleurs fort bien exprimé dans le syllogisme du théologien anglican Robert Capon. Si Dieu, dit-il, nous a créés à Son image et si nous sommes des créatures sexuelles, alors Dieu est un être sexuel.

À cette logique parfaite, j'ajouterai que le Créateur est, en plus, un séducteur. Un séducteur qui a fini par faire ma conquête alors que j'avais tenté longtemps de me dérober à ses avances, comme une pucelle effarouchée. Et cet Être, sexué, cherche avant tout et continuellement à nous séduire, nous, les êtres humains. Il aurait pu faire du sexe une activité aussi banale que respirer ou se nourrir, mais non ! Il lui a donné un parfum de spiritualité. Et il l'a fait en toute connaissance de cause, pour nous séduire, pour nous inciter à l'aimer. Il veut nous attirer à lui par la ruse.

Cette notion d'un Dieu séducteur, dragueur rusé et agressif, nous fait tout de suite penser à un comportement typiquement masculin. Mais il est trop simple de franchir le pas et de dire que Dieu est sexuellement mâle. D'ailleurs, il n'y a pas que chez les hommes qu'on trouve des dragueurs. Ce serait une vision bien sexiste de la séduction et j'ai connu naguère des séductrices qui... mais passons !

Il serait absurde de Lui donner un sexe particulier. Il ou Elle, Il *et* Elle est à la fois mâle et femelle. À la fois et bien plus.

Si je garde le « Il », c'est pour une question de facilité de compréhension. Dieu nous poursuit, comme dirait le poète américain Francis Thompson, avec une détermination qui n'a d'égale que l'ardeur avec laquelle nous tentons de le fuir. Et lorsque nous nous laissons enfin séduire, on dit : « Oh, zut alors ! » au lieu de s'écrier : « Quelle joie ! » Car nous avons été piégés, capturés, et nous ne pouvons plus nous échapper. Il nous poursuit, Il nous veut, Il nous aime au-delà de l'imaginable. Et nous, nous tentons de lui résister simplement par attachement à nos petits narcissismes. Jusqu'au moment enfin où nous nous abandonnons à lui. Voilà ce que chantait John Donne le grand poète anglais du XVIIᵉ siècle dans son Sonnet XIV *:*

Forcez mon cœur, Trin-Un qui jusqu'ici mon être
Par chocs, souffles, rayons, tentiez de me convertir,
[...]
Emparez-vous de moi, ôtez-moi de franchise !
Libre je ne serai que traînant vos boulets ;
Non plus chaste jamais que si me violez.

ANNEXE

LE MALAISE DE LA PSYCHIATRIE

Adapté d'une communication prononcée devant
l'*American Psychiatric Association* le 4 mai 1992,
en tant que « Psychiatre conférencier distingué »

À l'heure actuelle, la psychiatrie américaine a besoin
de changer de cap. Durant ces vingt-cinq dernières
années, elle a de plus en plus suivi « le modèle médical », en mettant l'accent sur l'aspect biologique des
maladies psychiatriques. Il ne s'agit pas pour moi de
déprécier les énormes progrès accomplis en un demi-
siècle de recherches, ni de décourager les progrès à venir
dans la compréhension et le traitement des maladies
mentales. Mais je crains, et je ne suis pas le seul, que le
récent engouement de la psychiatrie pour la biochimie
ne lui fasse perdre sa vieille sagesse psychologique et
sociale.

Mes inquiétudes sont, hélas, fondées. En 1987, j'ai
eu l'occasion d'être examinateur au concours d'entrée à
l'*American Board of Psychiatry and Neurology.* Un des
candidats était un homme d'une quarantaine d'années,
visiblement fort intelligent, en tout cas aussi doué que
les autres. Quand mon assesseur lui demanda d'expliquer
un cas selon la dynamique psychologique, le candidat
répondit : « Nous n'utilisons pas cette méthode psycha-
nalytique. » C'est très grave. L'étude des mécanismes
psychologiques et des facteurs sociaux de la maladie

mentale est beaucoup trop sous-estimée. Pourtant, elle a joué un rôle important dans l'histoire de la psychiatrie américaine. En tout cas, l'aspect spirituel n'a jamais été pris en compte. La spiritualité est non seulement négligée, mais volontairement ignorée.

À l'origine, il y a sans doute la pauvreté du vocabulaire. On confond souvent « spiritualité » et « religion ». Or, ce dernier terme est généralement associé à un ensemble de dogmes et d'interdits dont on a gardé un fort mauvais souvenir.

On devrait relire un peu plus souvent le grand classique du psychologue américain William James : *Les Variétés de l'expérience religieuse*. Il fait partie des lectures obligatoires pour les étudiants en théologie. Mais je suis persuadé que pas un apprenti-psychiatre n'en a lu une ligne. L'auteur y définit la religion comme étant « la tentative d'être en harmonie avec un ordre de choses invisibles ». J'utiliserai cette formule pour définir la spiritualité. En effet, elle n'implique pas de préférence pour une doctrine plutôt qu'une autre ni la nécessité d'appartenir à une organisation, à une église, quelle qu'elle soit.

J'ai bien sûr mes convictions personnelles. Qu'on appelle ça une théorie, si on le veut. Je pense qu'il existe effectivement un ordre invisible derrière le voile du palpable, du visible. Il m'apparaît donc normal que les hommes tentent de trouver l'harmonie avec cet ordre de choses, et tout aussi normal que cet ordre tente, de manière réelle et active, de se mettre en harmonie avec les êtres humains. J'en déduis que nous avons tous une vie spirituelle, comme nous avons tous un inconscient.

Que bon nombre d'hommes veuillent ignorer ou nier cet inconnu, qu'ils cherchent à y échapper ne signifie pas pour autant qu'ils ne sont pas des êtres spirituels. Simplement, ils tentent de se dérober à la réalité. Même ceux qui se disent athées croient fermement à des valeurs comme la vérité, la beauté et la justice, qui font partie d'un ordre de choses invisibles. Ces athées sont d'ailleurs prêts à se dévouer corps et âme pour ces idées. Ce qui n'est pas forcément le cas de la plupart des croyants les plus assidus.

Nous sommes tous des êtres spirituels, et une psychiatrie qui ne voit pas les humains de cette façon se trompe gravement.

En montrant la spiritualité sous cet angle, j'espère ne pas trop lui enlever de sa puissance et de sa poésie. Je me permets donc d'insister. Pour moi, comme pour d'autres, l'ordre invisible dont je viens de parler, c'est Dieu. Et Dieu ne doit pas être pris à la légère. Bien sûr, je ne prétends pas savoir le nom du Dieu véritable.

À ce sujet, on connaît cette petite histoire hassidique : un jour, un juif pieux supplie Jéhovah de lui donner Son vrai Nom, celui sous lequel le désignent les anges. Jéhovah l'exauce. Mais dès qu'il l'apprend, le pieux rabbin se précipite sous son lit en implorant : « Mon Dieu, je t'en prie, fais que j'oublie Ton Nom. » Dieu l'exauce à nouveau.

C'est terrifiant, disait à peu près saint Paul, de tomber entre les mains du Dieu vivant. Les Alcooliques Anonymes, quant à eux, ont trouvé une formulation qui me convient, dans la troisième des douze étapes de leur programme : « Nous avons décidé de confier nos volontés et nos vies aux soins de Dieu, *tel que nous Le concevons.* »

Je préciserai quant à moi « tel que nous Le et/ou La concevons ». Vous le voyez, je joue cartes sur table, en ne me cachant pas d'aborder le domaine du sacré. Maintenant, je puis revenir à un peu plus d'objectivité.

Au milieu des années soixante, durant mon internat, la psychiatrie était plus ouverte qu'aujourd'hui. On nous enseignait un principe très important : « Tous les symptômes sont surdéterminés », c'est-à-dire qu'ils sont dus à de multiples facteurs psychologiques, sociaux, etc., et pas seulement biologiques. J'insiste sur ce point car j'affirme que la spiritualité est en soi un symptôme surdéterminé. Et que la psychiatrie américaine moderne est incapable de la prendre en compte, pour des raisons que je vais développer. Cette spiritualité « symptôme surdéterminé » trouve ses origines non seulement dans l'Histoire, mais aussi dans d'autres facteurs, dont cinq me paraissent les plus importants.

Le plus fondamental remonte très loin dans le temps, bien avant Freud, Philippe Pinel et Benjamin Rush. Jusqu'au XVIIᵉ siècle, science et religion se rencontraient au sein de ce qu'on appelait la philosophie. Puis, une sorte de contrat social non écrit s'élabora pour délimiter les domaines de la science, de la religion et de l'État. La paix fut enfin trouvée, car chaque discipline devenait autonome.

Or, en cette fin de XXᵉ siècle, ce contrat est devenu obsolète. Un nouveau contrat est en train de s'élaborer dans toutes les sphères de l'activité humaine. Et la psychiatrie ne représente qu'un tout petit morceau du grand puzzle, même si son influence dans la vie intellectuelle américaine, depuis près d'un siècle a été très importante. Mais si cette discipline ne réussit pas à s'adapter à la nouvelle marée qui s'annonce, elle risque de rester en rade.

Selon l'ancien contrat, la nature relevait du domaine de la science et le surnaturel, de la religion. Il ne fallait pas que ces deux disciplines se rencontrent. Conséquence, la philosophie fut mutilée : il ne lui restait plus grand-chose à se mettre sous la dent. À l'Université, elle devint une discipline facultative réservée à une élite, même si aujourd'hui aux États-Unis tout étudiant qui vient de décrocher son doctorat reçoit le titre de *doctor of philosophy*, alors qu'il ne connaît peut-être même pas le nom de Platon ou d'Aristote ! Réminiscence un peu ridicule du temps d'avant le contrat !

La séparation de la science et de la religion s'est également ressentie dans la pratique de la psychothérapie. On m'a enseigné, ainsi qu'à tous mes confrères, que notre démarche devait être exclusivement scientifique. Ce qui est absurde : impossible de faire quoi que ce soit, et *a fortiori* une psychothérapie sans tenir compte de ses valeurs personnelles, morales ou autres. Dès lors, et sans en avoir vraiment conscience, en toute bonne foi, les premiers psychothérapeutes ont appliqué à leurs patients leur système de valeurs, disons un humanisme agnostique, voire a-religieux.

D'ailleurs, l'*American Psychiatric Association*[1] stipule qu'un psychiatre ne doit pas introduire d'éléments religieux au cours d'une thérapie, si c'est contraire aux convictions du patient. Il ne doit pas non plus discréditer les croyances du patient. Ces recommandations paraissent très positives. Je ne cherche d'ailleurs pas à les dénoncer. Mais elles sont malheureusement incomplètes, et pas toujours suivies. Il est fréquent que des psychiatres non croyants tentent d'imposer leurs idées à des patients croyants. C'est même presque devenu la norme, directement ou indirectement, consciemment ou inconsciemment. Il arrive effectivement que la foi d'un patient risque de compromettre son équilibre psychologique. Que doit faire le psychiatre ? Doit-il quand même

---

1. APA, sorte de Conseil de l'ordre des psychiatres américains devant qui l'auteur prononce cette conférence. (*N.d.T.*)

s'abstenir de remettre en question ces croyances en l'occurrence dangereuses ?

Compte tenu des trois cents ans de séparation entre la science et la religion, les psychiatres sont fort mal préparés à traiter des cas de pathologies religieuses. La meilleure formation possible, et la meilleure volonté du monde ne les empêcheront pas de patauger. Leur manque de connaissances en matière de spiritualité entraînera un échec, aux dépens du patient.

Le deuxième élément qui détermine le profond désintérêt de la psychiatrie pour la spiritualité est issu du premier. Il s'agit de l'ignorance totale des psychiatres en ce qui concerne les stades du développement spirituel.

Le plus mauvais des étudiants en psychiatrie connaît la théorie des stades de développement : développement psycho-sexuel chez Freud, développement de l'intelligence que démontre Piaget, et de celui du Moi, cher à Erikson. Pourtant, jamais on n'étudie les stades du développement spirituel. D'abord à cause de la règle non écrite en matière de psychiatrie : ne jamais aborder le domaine religieux.

J'ai décrit par ailleurs[1] les quatre stades du développement spirituel, qui se rapprochent du développement psycho-sexuel. En bas de l'échelle, au stade un, le « chaotique/anti-social » ; au stade deux, le « formel/institutionnel » ; au stade trois, le « sceptique/individuel », au stade quatre, le plus élevé, le « mystique/communautaire ».

Il est primordial pour un psychiatre de bien connaître ces stades de l'évolution spirituelle. D'abord parce que l'immense majorité de la profession se situe au stade

---

1. Cf. chapitre 7.

trois. Spirituellement plus évolués que la plupart des bigots en tout genre, mais moins que la minorité de personnes profondément religieuses du stade quatre, mes confrères ont tendance à les mettre dans le même sac et à considérer globalement la religion comme subalterne et pathologique. Par ailleurs, la connaissance de ces stades permettrait à nombre d'entre nous de constater que nous avons encore un long chemin à parcourir dans le domaine spirituel...

La troisième cause du mépris de la psychiatrie pour la spiritualité est la profonde influence de Freud lui-même, surtout aux États-Unis. Il avait connu les plus beaux jours du contrat de séparation avec la religion. Personnage typique du stade trois, il s'identifiait totalement à la science. Il s'est d'ailleurs tellement senti menacé par la spiritualité qu'il a fini par rompre avec le disciple qu'il aimait : Jung.

Étudiant en 1962, je suivais des cours sur l'histoire de la psychiatrie. Une seule phrase fut consacrée à Jung par mon professeur : « Pour des raisons obscures, il fut un moment l'objet d'une attention injustifiée. » Point final. À l'époque, il était pratiquement impossible de se procurer le moindre ouvrage de Jung. Aujourd'hui, c'est plutôt ceux de Freud que l'on cherche en vain...

Malgré ses erreurs, Freud était un meilleur psychiatre que Jung. Ses contributions sont telles qu'on a parfois l'impression qu'elles ont toujours fait partie du patrimoine scientifique.

Jung, lui, a moins apporté à la science, mais était à un niveau de spiritualité infiniment supérieur. Ce qui montre qu'il n'y a pas de rapport entre l'importance des découvertes d'un individu et son stade de développement spirituel. Mais aussi que Freud est à l'origine de l'absence de spiritualité dans la psychiatrie.

Le quatrième facteur ayant opposé la psychiatrie américaine à la spiritualité est le grand nombre des patients traumatisés par la religion. Ce genre d'expérience n'a pu que renforcer l'antipathie du psychiatre à l'encontre du domaine spirituel, jusqu'à oublier que ces malades ne sont qu'une infime partie de la population. Il est tout à fait normal que les médecins que nous sommes voyions nos patients comme des victimes. Victimes, par exemple de bonnes sœurs insensibles et rigides, ou de parents d'un puritanisme frôlant l'intégrisme. Bref, du stade deux. Même si certaines personnes du stade deux ont pu sauver des individus d'une enfance dramatique, c'est-à-dire du stade un. Car ces derniers n'entrent jamais dans le cabinet d'un psychiatre. D'ailleurs, ce sont les patients qui choisissent leur thérapeute. Quand ils tentent d'émerger du stade deux, ils veulent continuer leur voyage spirituel avec des personnes ayant atteint le stade supérieur qui leur permettra de se débarrasser de la religion primaire dont ils ont souffert et d'aborder le scepticisme et l'individuation du stade trois.

En effet, chaque individu a tendance à regarder avec admiration la personne juste au-dessus de lui dans l'évolution spirituelle, à la considérer comme un sage, voire comme un gourou. En revanche, si la personne est *beaucoup* plus évoluée, on la voit plutôt comme une menace. Les gens du stade deux, avec leurs idées structurées et rigides, offriront une bien meilleure thérapie à ceux du stade un. Et les personnes du stade trois, dont les psychothérapeutes non croyants, sont souvent les meilleurs guides pour les individus venant d'en dessous. Quant à ceux du stade quatre, ils se révèlent des guides spirituels parfaits, des thérapeutes efficaces pour les plus avancés du stade trois.

Le dernier facteur expliquant cette antipathie de la psychiatrie vis-à-vis de la religion, c'est que cette antipathie est réciproque. Une bonne partie des hiérarchies religieuses, ou des adeptes les plus actifs de diverses confessions — qui en sont généralement au stade deux — éprouvent une véritable terreur face aux théories de Freud et même de Jung. Terreur injustifiée naturellement, mais qui permet aux intégristes de toute obédience de considérer la psychiatrie comme diabolique.

Cette hostilité réciproque, j'ai pu la constater par moi-même. Il y a une dizaine d'années j'ai tenté en vain d'encourager le développement de ce que j'ai appelé un Institut pour l'étude scientifique de la Délivrance. Je définissais ce dernier concept comme toute forme de guérison allant de la simple prière individuelle jusqu'aux séances d'exorcisme. C'est ainsi que j'ai pu travailler dans un grand hôpital psychiatrique qui se divisait en deux sections : une unité de cent vingt lits pour patients internes, dirigé par des psychiatres du stade trois, non religieux et d'orientation scientifique. Et un important service pour patients externes, tenu principalement par des prêtres-conseillers[1], du stade deux. Durant les quarante années d'existence de cet hôpital, les deux sections avaient vécu à couteaux tirés. Le président espérait que mon Institut pourrait rapprocher les deux groupes ennemis. et de fait, ils tombèrent pour une fois d'accord, mais pour s'opposer à moi et à mon projet.

Les psychiatres prétendaient que mes définitions des quatre stades d'évolution spirituelle étaient trop vagues,

---

1.   Voir note, p. 193 (*N.d.T.*).

qu'il y avait trop d'inconnues, que le domaine de la spiritualité était, par définition, inexplorable. Les religieux, eux, m'envoyèrent aux pelotes. Selon eux, les bienfaits de la prière sont universellement connus et d'ailleurs je n'avais pas à intervenir dans un domaine qui ne me regardait pas : la foi. Des deux côtés, c'était l'accord parfait : hors de question d'appliquer des méthodes scientifiques à des phénomènes spirituels.

La psychiatrie américaine est actuellement en très mauvaise posture. Son refus de la spiritualité a des conséquences dramatiques : erreurs de diagnostic, erreurs de traitement, accroissement de sa mauvaise réputation, recherches et théories devenues inadéquates, et pour finir limitation de l'évolution personnelle des psychiatres.

Ce que j'appelle erreur de diagnostic, c'est quand le praticien ignore ou interprète mal l'aspect spirituel de la vie de son patient. Une erreur qui peut avoir des conséquences terribles pour le malade. En voici deux exemples tirés de mon expérience personnelle.

En 1983, j'avais presque déjà complètement fermé mon cabinet, tout en gardant une activité de conseiller. Un homme m'appela pour me demander mon avis sur son épouse, âgée de soixante-quatre ans et hospitalisée depuis trois ans dans l'un des établissements psychiatriques les plus prestigieux que je connaisse. Une psychose s'était déclarée chez cette femme quatre ans auparavant sans que rien puisse l'annoncer : elle semblait alors tout à fait saine sur le plan psychologique, bonne épouse, mère et grand-mère, participant activement à la vie de la communauté. Le développement de la psychose avait été aussi brutal que dévastateur. En interrogeant le mari, j'appris quelque chose qui me mit la puce à l'oreille :

trois ans avant l'apparition de la maladie, cette femme, depuis toujours presbytérienne pratiquante, avait changé de culte, brusquement et sans explication, même pas à son mari, pour rejoindre l'Église de l'Unité, une communauté plus ou moins chrétienne, mais extrêmement permissive, voire hérétique. Pour simplifier, disons dans la mouvance New Age. La future patiente était très liée avec le jeune pasteur fort charismatique de cette église. Je me rendis donc à l'hôpital pour la voir en consultation. Elle se montra tout à fait polie et correcte, apparemment « normale », même pas déprimée. En tout cas, une chose me parut évidente : elle resta particulièrement évasive sur sa vie spirituelle et coupa court à notre conversation.

Il ne me restait plus qu'à consulter ses dossiers. Les diagnostics allaient de la simple dépression jusqu'à la schizophrénie. Par ailleurs, elle n'avait jamais réagi aux antidépresseurs ni aux électrochocs, pas plus qu'à la psychothérapie à laquelle elle se dérobait. Mais le plus frappant dans ces dossiers pourtant bien remplis était que je n'y ai pas trouvé la moindre allusion à son brutal changement de culte, trois ans avant l'apparition de la maladie. Rien non plus sur sa vie spirituelle. Les psychiatres ne connaissaient pas ces éléments pourtant capitaux. Je suggérai un bilan approfondi des mécanismes psychologiques en jeu, en y incluant une consultation spirituelle. Ses médecins traitants me le refusèrent, sous prétexte qu'il était trop tard : la malheureuse fut transférée dans une maison de retraite. Je n'ai plus entendu parler d'elle. Je ne peux donner aucun diagnostic sur cette femme, mais je peux dire qu'en trois années de séjour extrêmement coûteux dans cet hôpital, aucun diagnostic n'avait été proposé sur son cas, un cas qui ne semblait correspondre à aucun schéma convenu. Et ce, parce que l'aspect spirituel avait été complètement passé sous silence.

Mon second exemple est celui d'un jeune homme que je n'ai jamais rencontré. En 1989, mes voyages de conférencier m'amenèrent à revoir un vieil ami du temps de l'internat, devenu un vrai psychiatre du stade trois. Il s'était spécialisé dans le traitement des cas de « personnalités multiples ». Et il avait décelé dans un de ses patients, le jeune homme en question, pas moins de cinquante-deux personnalités différentes. Ce malade se prenait entre autres pour Judas. « Dans ces moments-là, me raconta mon confrère, je peux te dire que c'est vraiment un sale type. » Puis il m'affirma que le jeune homme n'essayait pas de se jouer de lui. Avec prudence, car je connaissais l'agnosticisme de mon ami, je lui suggérai que c'était peut-être un cas de possession, qui est souvent associée au phénomène de personnalité multiple. Ou encore que la personnalité multiple était une manière de dissimuler la possession. Mais il repoussa en bloc cette suggestion, tant toute allusion à la religion dans le domaine psychiatrique lui semblait insupportable. Je reste persuadé que c'était de sa part une erreur de diagnostic, ce qui entraînera inéluctablement une erreur de traitement.

C'est le plus courant : le mauvais diagnostic mène au mauvais traitement. Mais c'est encore plus grave quand il y a erreur de traitement alors que le diagnostic était correct. Et ça arrive souvent au psychiatre qui refuse ou qui néglige de prendre en compte le facteur spirituel. Et ce pour les raisons suivantes : incapacité à écouter, mépris envers le patient en tant que personne humaine, impossibilité idéologique du praticien à encourager une spiritualité saine, et inaptitude culturelle à combattre une spiritualité pathologique ou une religion dangereuse, du genre secte. Bref une incapacité globale à comprendre ces aspects importants de la vie du patient.

Je ne compte pas le nombre de gens qui se sont plaints que leur thérapeute ne les écoutait plus dès qu'ils abordaient le domaine de leur spiritualité. Pas moyen d'exprimer leur sentiment d'être appelés par une vocation religieuse, leur envie d'entrer dans les ordres, de parler d'expériences mystiques ou tout simplement de leur foi en Dieu. Immédiatement, le thérapeute se ferme comme une huître, ou essaie de les ramener vers des sujets plus terre à terre. C'est ce qui amène nombre de malades à abandonner leur thérapie.

On le sait, il est fréquent que le patient perçoive nettement l'état d'esprit du thérapeute. Et le duo finit par conclure une sorte d'accord tacite pour éviter tout ce qui concerne la spiritualité. J'ai souvent entendu ce genre de discours :

— J'aime beaucoup mon (ou ma) psychiatre. C'est quelqu'un de très bien. J'ai vraiment le sentiment qu'il veut m'aider. Mais je le sens terriblement sur ses gardes quand j'aborde des aspects de ma vie spirituelle ou religieuse. Toutefois, j'ai bien avancé avec lui, je n'ai pas envie de le quitter. Alors, j'ai appris à lui cacher cet aspect de ma personnalité. Je n'en parle jamais. J'aimerais pourtant être complètement moi-même dans son cabinet.

J'ai eu également vent d'histoires où le thérapeute dénigrait carrément et volontairement la vie spirituelle du patient. Ce qui ne veut pas dire que cette vie spirituelle soit forcément très saine et ne doivent pas être remise en question. Mais il semble que la psychiatrie ne se soit pas dotée des outils pour faire la distinction.

Quand nous autres psychiatres, ne savons pas comment aider les patients souffrant d'une maladie mentale chronique, comme la schizophrénie, nous avons tendance à les passer aux profits et pertes. Tendance très inquiétante de la psychiatrie moderne que de mépriser ainsi le malade sitôt qu'on le juge dans un état irréversible. Nous faisons de même avec le retard mental, et surtout la sénilité. Pourtant, j'ai vu des patients souffrant de la maladie d'Alzheimer qui ont considérablement progressé sur le plan spirituel après l'établissement du diagnostic.

Je l'ai dit, les psychiatres sont généralement incapables de distinguer spiritualité saine et spiritualité pathologique. Donc, ils ne peuvent pas se mettre au diapason si elle est saine, et l'encourager. Heureusement, une lueur d'espoir commence à poindre : on peut lire de plus en plus souvent dans la presse professionnelle des articles écrits par des confrères qui expliquent comment le traitement de leurs patients a été amélioré ou accéléré, parce qu'on les avait encouragés à avoir ou à poursuivre une activité religieuse.

Une autre incapacité notoire des psychiatres consiste à ne pas savoir ce que c'est qu'une idée religieuse fausse ou dangereuse. Autrement dit, une hérésie. Quand je dis hérésie, qu'on ne me voie pas sous la bure du Grand Inquisiteur ! L'hérésie existe, elle se porte bien et touche des millions d'individus, ainsi que la société tout entière. C'est un peu comme une maladie mentale : ceux qui en souffrent ne considèrent qu'un aspect du paradoxe en ignorant complètement l'autre. Une demi-vérité est essentiellement mensongère.

La psychiatrie n'est pas étrangère à cette prolifération de l'hérésie. En ignorant, voire en combattant volontairement le concept de spiritualité, elle incite les gens à aller voir ailleurs pour résoudre leurs problèmes religieux. Certains s'adressent aux prêtres-conseillers. Ce qui n'est pas un mal en soi, au contraire. Bien des membres de cette profession, créée en 1948, font du très bon travail. Et moi-même j'adresse souvent des patients aux prêtres-conseillers, à condition bien sûr que ces malades ne présentent pas des troubles psychiatriques qui nécessiteraient un traitement médicamenteux en plus de la thérapie.

Mais la psychiatrie a d'autres concurrents bien moins positifs que ces religieux : les hérésiarques. On voit depuis quelque temps des confessions chrétiennes intégristes qui ont élaboré des programmes de thérapie religieuse assez redoutables. On voit aussi et surtout apparaître ce que j'appelle des « praticiens fondamentalistes du New Age », des pseudo-gourous en fait. Je me permets de douter de la qualité de leurs soins. Mais ces phénomènes découlent des erreurs, des lacunes et du mépris de la psychiatrie pour la spiritualité.

Il y a peut-être, ici et là, des tentatives de travailler sur le sujet, mais elles sont trop parcellaires. J'avoue que, ne faisant pas partie du courant majoritaire de la psychiatrie, je ne suis guère informé à ce propos. Toutefois, la pauvreté de la recherche est évidente. Du coup, la théorie stagne. À ma connaissance, ces dernières années, les contributions les plus significatives à la théorie de la personnalité et à la dynamique psychologique viennent des prêtres-conseillers, des consultants en gestion d'entreprise, des psychologues intégrés à ces entreprises, des théologiens et des poètes. Mais pas des psychiatres.

Le plus grave, ce n'est pas la fuite de la clientèle, si j'ose dire, c'est que les psychiatres n'arrivent plus à travailler sur eux-mêmes : en refusant de se pencher sur leur propre spiritualité, ils créent les barrières à leur développement psychologique, personnel, leur développement psycho-spirituel.

C'est pourtant, on le sait, une démarche essentielle. Il y a quelques années, mon épouse Lily et moi-même avons été appelés en consultation auprès d'un couvent dont les religieuses souffraient de graves troubles psychosomatiques. C'était des femmes extrêmement cultivées dont certaines possédaient un doctorat. Nous avons essayé de leur expliquer, maintes et maintes fois, que leur guérison ne pourrait venir que d'elles-mêmes. Ces femmes qui avaient pour vocation de soigner les autres, tant spirituellement que physiquement, étaient censées savoir mieux que quiconque comment se prendre en main. Rien à faire, elles ne voulaient pas comprendre. Elles nous répondaient systématiquement :

— Nous ne sommes pas des spécialistes des maladies psychosomatiques. Nous n'avons aucune formation qui nous permette de distinguer le physique du psychologique, et encore moins du spirituel. C'est votre métier, pas le nôtre.

Pendant deux jours, nous avons tourné en rond. Jusqu'au moment où, après une longue description de notre métier de psychiatres-consultants, une des sœurs a déclaré :

— Si je comprends bien, être psychothérapeute, c'est essentiellement travailler sur soi-même !

Elles avaient enfin compris ! Dès ce moment, notre collaboration fut extrêmement positive.

La capacité du psychiatre à travailler sur lui-même est le facteur le plus important de son développement. Mais dans quel but ? S'il ne se tourne pas, à un moment ou à un autre, vers sa propre spiritualité, le travail restera exclusivement intellectuel et ne le mènera plus très loin. En revanche, s'il reconnaît qu'il a commencé un voyage

234

spirituel, son travail deviendra extrêmement enrichissant et fructueux. Pas seulement pour lui, mais aussi et surtout pour ses patients. Les conséquences de ce travail peuvent se révéler surprenantes. D'abord parce qu'il dépassera ses patients sur le plan spirituel et donc sera mieux à même de les aider. Ensuite, il sortira peut-être de la pratique même de la psychiatrie pour explorer de nouveaux horizons. *A contrario*, en niant sa vie spirituelle, il limite son développement personnel et donc celui de ses patients.

Pour sortir la psychiatrie de la situation critique dans laquelle elle se trouve, je propose cinq mesures thérapeutiques simples, mais qui résoudraient complètement le problème. Trois d'entre elles concernent d'abord la formation et relèvent donc des responsables de l'organisation des programmes universitaires ou autres.

La première des trois mesures de formation est aussi la plus simple. Durant le premier mois de leur stage, il faudrait enseigner à tous les internes en psychiatrie de prendre l'habitude de chercher à connaître le passé spirituel de leurs futurs patients. La méthode est exactement la même que celle qui consiste à poser des questions d'ordre général sur son histoire familiale et autre afin d'établir un bilan psychologique.

Ça ne concerne pas seulement les internes. J'ai déjà suggéré cette idée au président du département de psychiatrie d'une grande école de médecine américaine, un homme âgé de soixante ans et déjà porté vers la spiritualité. Quand il m'a demandé ce que je voulais dire par « passé spirituel », je lui ai expliqué :

— Il faudrait poser des questions toutes simples. « Quelle religion a bercé votre enfance ? Vous êtes-vous converti plus tard et, si oui, quelle confession avez-vous choisie ? Quelles ont été les circonstances de cette conversion ? Êtes-vous athée, agnostique, croyant ? Quelle est l'idée que vous vous faites de Dieu. Est-Il distant et abstrait ou bien proche et personnel ? Priez-vous ? De quelle façon ? » Et ainsi de suite...

Six mois plus tard, j'ai reçu une lettre du président en question où il me disait que la semaine précédente, il avait enfin osé, pour la première fois, poser ces questions à un patient. « C'est incroyable ce que j'ai pu apprendre sur lui ! » me dit-il.

Si cette mesure est aussi simple à appliquer et aussi évidente, comment n'y avait-on pas pensé plus tôt ? Toujours à cause de l'extraordinaire réticence de la psychiatrie vis-à-vis de la spiritualité. Les praticiens hésitent à aborder un sujet qui leur semble trop intime et qui pourrait effrayer le patient. Mais ce n'est pas le patient qui a peur, au contraire. En général, ils adorent s'étendre sur les sujets religieux. Le plus effrayé des deux, c'est le psychiatre. Et s'il parvenait enfin à surmonter sa peur, il saurait que lui aussi a une vie spirituelle.

Deuxième mesure de formation : l'enseignement aux internes en psychiatrie, dès la première année, des différents stades de l'évolution spirituelle et religieuse. On pourra se fonder essentiellement sur les principaux ouvrages de James Fowler. Ce ne serait que simples ajustements, mais qui permettraient au psychiatre d'établir un meilleur diagnostic, et de prendre conscience que la spiritualité est quelque chose qui évolue. D'ailleurs, et même si le praticien lui-même se trouve, dans ce domaine, à un stade avancé, cela lui sera extrêmement profitable : il comprendra qu'il lui reste un bon bout de chemin spirituel à parcourir.

Troisième et dernière mesure de formation : se familiariser avec les concepts théologiques, assister à des conférences sur l'hérésie, les idées fausses, les hypothèses erronées et les déviances religieuses.

Ma quatrième proposition consiste à ajouter deux nouveaux diagnostics à la liste établie dans notre manuel professionnel, le DMS III[1]. Le premier concerne cette catégorie d'individus que j'ai appelés « les gens du mensonge ». Mon travail a d'ailleurs été repris dans une thèse de doctorat. L'auteur y désigne cette catégorie sous le terme : « trouble de la personnalité virulente », dénomination qui me semble tout à fait pertinente.

Autre diagnostic qu'il serait bon d'introduire dans cette liste : la possession. Il faudrait lui donner des critères précis qui permettraient de la distinguer des cas de personnalité multiple et autres troubles, tout en sachant que le cumul est possible.

En plus de l'ajout à cette liste, du « trouble de la personnalité virulente », et de la possession je pense que, de manière plus systématique, il faudrait consacrer, à chaque diagnostic du DMS III, une ligne directrice spirituelle. Cela permettrait notamment d'évaluer le stade d'évolution où se situe le patient.

La cinquième mesure que je préconise concerne la recherche. Ainsi, l'étude scientifique de la délivrance, pour laquelle j'avais naguère proposé la fondation d'un institut, serait mieux menée sous l'égide d'organismes privés, indépendants sur le plan financier, conjointement à des universités. Ce genre d'institut pourrait par exemple archiver des cassettes vidéo montrant des séances d'exorcisme. Chercheurs et étudiants pourraient les visionner, tout en en garantissant la confidentialité.

---

1. *Diagnostic and statistical Manual of Mental Disorders* n° 3. Sorte de codex des psychiatres américains énumérant les maladies mentales, leurs symptômes, etc. (*N.d.T.*).

La plus grande partie des recherches serait menée dans le cadre des départements universitaires de psychiatrie déjà existants. Si la psychiatrie se lançait dans l'étude et la recherche du domaine de la spiritualité, je suis persuadé que nous assisterions à une renaissance de la théorie de la personnalité tout à fait révolutionnaire. En tout cas indispensable.

La mise en œuvre de ces mesures, je crois l'avoir démontré, est extrêmement simple. Ce qui manque, c'est la *volonté* de les réaliser. La psychiatrie est-elle enfin capable de comprendre qu'elle souffre de troubles psycho-spirituels ? Va-t-elle tenter de se guérir, de s'ouvrir et de faire preuve au moins de curiosité à l'égard de l'homme en tant qu'être spirituel ?

Quand les psychiatres répondront à ces questions, ils redeviendront des agents de l'Histoire. La psychiatrie a eu une énorme influence sur la vie intellectuelle américaine. Ce n'est plus le cas. Durant ces vingt-cinq dernières années, elle a suivi un modèle médical unidimensionnel et purement matérialiste. Les psychiatres se sont progressivement enfermés dans le rôle qu'on attendait d'eux : celui de praticiens qui se contentent de faire avaler quelques médicaments à leurs patients, tout en abandonnant à d'autres la connaissance profonde de la condition humaine. Peut-être serait-il mieux, alors, de se détacher complètement du domaine de la thérapie... Je ne sais pas. Ce que je sais, c'est que son influence s'est considérablement affaiblie.

Je suis un psychiatre, donc un scientifique qui reconnais bien des qualités au modèle médical. Moi aussi, j'ai connu l'immense beauté de l'anatomie microscopique. Mais j'ai beaucoup évolué sur le plan personnel, dans ma vision de la psychothérapie. Ça ne s'est pas fait sans efforts, sans hésitations. J'espère que mes confrères vont entreprendre le changement historique que je propose. Je souhaite qu'en délibérant au plus profond de leur âme, ils finissent par se pencher sur leur propre spiritualité, pour reconnaître enfin que l'humanité est composée d'êtres religieux à qui la psychiatrie peut offrir, en plus d'un traitement biochimique, une certaine dose de nourriture spirituelle.

Table des matières

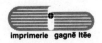

imprimerie gagné ltée

IMPRIMÉ AU CANADA